同济博士论丛
TONGJI Dissertation Series

总主编 伍 江 副总主编 雷星晖

杜豫川 孙立军 著

连续型交通分配模型研究

The Research on Continuous Traffic Assignment Modeling

同濟大學出版社
TONGJI UNIVERSITY PRESS

内 容 提 要

本书研究的主要内容是建立解决大区域内交通分配问题的交通分配模型。在综合考察了传统的离散型交通分配模型和连续型交通分配模型后，本书采用了一些新的思想和手法，提出了改进的连续型交通分配模型，最后建立了适用于大区域交通分配的离散/连续混合交通体系的交通量分配模型，并给出了相应的数值解算方法。此类模型在区域经济分析、交通规划等方面都有相当的应用价值。

图书在版编目(CIP)数据

连续型交通分配模型研究 / 杜豫川，孙立军著. —上海：同济大学出版社，2017.8

(同济博士论丛 / 伍江总主编)

ISBN 978-7-5608-6991-9

Ⅰ. ①连… Ⅱ. ①杜… ②孙… Ⅲ. ①城市交通系统—分配模型—研究 Ⅳ. ①U491.2

中国版本图书馆 CIP 数据核字(2017)第 093768 号

连续型交通分配模型研究

杜豫川 孙立军 著

出 品 人 华春荣 责任编辑 陆克丽霞 卢元姗

责任校对 谢卫奋 封面设计 陈益平

出版发行 同济大学出版社 www.tongjipress.com.cn

(地址：上海市四平路 1239 号 邮编：200092 电话：021-65985622)

经 销 全国各地新华书店

排版制作 南京展望文化发展有限公司

印 刷 浙江广育爱多印务有限公司

开 本 787 mm×1092 mm 1/16

印 张 9.75

字 数 195 000

版 次 2017 年 8 月第 1 版 2017 年 8 月第 1 次印刷

书 号 ISBN 978-7-5608-6991-9

定 价 51.00 元

“同济博士论丛”编写领导小组

袁万城　莫天伟　夏四清　顾　明　顾祥林　钱梦騄
徐　政　徐　鉴　徐立鸿　徐亚伟　凌建明　高乃云
郭忠印　唐子来　阎耀保　黄一如　黄宏伟　黄茂松
戚正武　彭正龙　葛耀君　董德存　蒋昌俊　韩传峰
童小华　曾国荪　楼梦麟　路秉杰　蔡永洁　蔡克峰
薛　雷　霍佳震

秘书组成员： 谢永生　赵泽毓　熊磊丽　胡晗欣　卢元姗　蒋卓文

总 序

在同济大学110周年华诞之际，喜闻“同济博士论丛”将正式出版发行，倍感欣慰。记得在100周年校庆时，我曾以《百年同济，大学对社会的承诺》为题作了演讲，如今看到付梓的“同济博士论丛”，我想这就是大学对社会承诺的一种体现。这110部学术著作不仅包含了同济大学近10年100多位优秀博士研究生的学术科研成果，也展现了同济大学围绕国家战略开展学科建设、发展自我特色，向建设世界一流大学的目标迈出的坚实步伐。

坐落于东海之滨的同济大学，历经110年历史风云，承古续今、汇聚东西，秉持“与祖国同行、以科教济世”的理念，发扬自强不息、追求卓越的精神，在复兴中华的征程中同舟共济、砥砺前行，谱写了一幅幅辉煌壮美的篇章。创校至今，同济大学培养了数十万工作在祖国各条战线上的人才，包括人们常提到的贝时璋、李国豪、裘法祖、吴孟超等一批著名教授。正是这些专家学者培养了一代又一代的博士研究生，薪火相传，将同济大学的科学研究和学科建设一步步推向高峰。

大学有其社会责任，她的社会责任就是融入国家的创新体系之中，成为国家创新战略的实践者。党的十八大以来，以习近平同志为核心的党中央高度重视科技创新，对实施创新驱动发展战略作出一系列重大决策部署。党的十八届五中全会把创新发展作为五大发展理念之首，强调创新是引领发展的第一动力，要求充分发挥科技创新在全面创新中的引领作用。要把创新驱动发展作为国家的优先战略，以科技创新为核心带动全面创新，以体制机制改革激发创新活力，以高效率的创新体系支撑高水平的创新型国家建设。作为人才培养和科技创新的重要平台，大学是国家创新体系的重要组成部分。同济大学理当围绕国家战略目标的实现，作出更大的贡献。

大学的根本任务是培养人才，同济大学走出了一条特色鲜明的道路。无论是本科教育、研究生教育，还是这些年摸索总结出的导师制、人才培养特区，“卓越人才培养”的做法取得了很好的成绩。聚焦创新驱动转型发展战略，同济大学推进科研管理体系改革和重大科研基地平台建设。以贯穿人才培养全过程的一流创新创业教育助力创新驱动发展战略，实现创新创业教育的全覆盖，培养具有一流创新力、组织力和行动力的卓越人才。“同济博士论丛”的出版不仅是对同济大学人才培养成果的集中展示，更将进一步推动同济大学围绕国家战略开展学科建设、发展自我特色、明确大学定位、培养创新人才。

面对新形势、新任务、新挑战，我们必须增强忧患意识，扎根中国大地，朝着建设世界一流大学的目标，深化改革，勠力前行！

万　钢

2017 年 5 月

论丛前言

承古续今，汇聚东西，百年同济秉持“与祖国同行、以科教济世”的理念，注重人才培养、科学研究、社会服务、文化传承创新和国际合作交流，自强不息，追求卓越。特别是近20年来，同济大学坚持把论文写在祖国的大地上，各学科都培养了一大批博士优秀人才，发表了数以千计的学术研究论文。这些论文不但反映了同济大学培养人才能力和学术研究的水平，而且也促进了学科的发展和国家的建设。多年来，我一直希望能有机会将我们同济大学的优秀博士论文集中整理，分类出版，让更多的读者获得分享。值此同济大学110周年校庆之际，在学校的支持下，“同济博士论丛”得以顺利出版。

“同济博士论丛”的出版组织工作启动于2016年9月，计划在同济大学110周年校庆之际出版110部同济大学的优秀博士论文。我们在数千篇博士论文中，聚焦于2005—2016年十多年间的优秀博士学位论文430余篇，经各院系征询，导师和博士积极响应并同意，遴选出近170篇，涵盖了同济的大部分学科：土木工程、城乡规划学（含建筑、风景园林）、海洋科学、交通运输工程、车辆工程、环境科学与工程、数学、材料工程、测绘科学与工程、机械工程、计算机科学与技术、医学、工程管理、哲学等。作为“同济博士论丛”出版工程的开端，在校庆之际首批集中出版110余部，其余也将陆续出版。

博士学位论文是反映博士研究生培养质量的重要方面。同济大学一直将立德树人作为根本任务，把培养高素质人才摆在首位，认真探索全面提高博士研究生质量的有效途径和机制。因此，“同济博士论丛”的出版集中展示同济大学博士研究生培养与科研成果，体现对同济大学学术文化的传承。

“同济博士论丛”作为重要的科研文献资源，系统、全面、具体地反映了同济大学各学科专业前沿领域的科研成果和发展状况。它的出版是扩大传播同济科研成果和学术影响力的重要途径。博士论文的研究对象中不少是“国家自然科学基金”等科研基金资助的项目，具有明确的创新性和学术性，具有极高的学术价值，对我国的经济、文化、社会发展具有一定的理论和实践指导意义。

“同济博士论丛”的出版，将会调动同济广大科研人员的积极性，促进多学科学术交流、加速人才的发掘和人才的成长，有助于提高同济在国内外的竞争力，为实现同济大学扎根中国大地，建设世界一流大学的目标愿景做好基础性工作。

虽然同济已经发展成为一所特色鲜明、具有国际影响力的综合性、研究型大学，但与世界一流大学之间仍然存在着一定差距。“同济博士论丛”所反映的学术水平需要不断提高，同时在很短的时间内编辑出版 110 余部著作，必然存在一些不足之处，恳请广大学者，特别是有关专家提出批评，为提高同济人才培养质量和同济的学科建设提供宝贵意见。

最后感谢研究生院、出版社以及各院系的协作与支持。希望“同济博士论丛”能持续出版，并借助新媒体以电子书、知识库等多种方式呈现，以期成为展现同济学术成果、服务社会的一个可持续的出版品牌。为继续扎根中国大地，培育卓越英才，建设世界一流大学服务。

伍　江

2017 年 5 月

前 言

城市交通系统中交通分配的建模问题一直是世界各国研究者们关注的重点。自从 Wardrop 提出了“用户平衡条件”(user equilibrium condition)的概念后，网络平衡分析方法就成为交通分配模型研究中应用最广泛的方法。交通分配问题的研究经过半个世纪的发展，在分配模型和计算方法上都产生了丰富的成果。交通分配技术已经从最初仅能解算十几个路段的算例网络，到今天已能处理大规模的真实城市交通网络。

在交通分配问题的研究中，由于对交通系统假设的不同，通常将处理交通平衡分配问题的数学规划模型分为离散型模型和连续型模型两大类。离散型模型将交通系统抽象为由节点集合和有向弧集合组成的网络。连续型模型则是将整个交通网络视为一个连续体，假设交通网络属性地变化是微小的、逐步过渡的；其数学模型可以用光滑的数学函数来表示。对于较大范围的路网，离散型模型的解算需要收集大量的路段属性数据和 OD 数据，同时耗费大量的计算时间，其结果常常不能令人满意；而连续型模型通常只需要少量的路网特征参数，其计算的效率高，计算的结果直观。

本书在回顾交通分配模型的研究成果的基础上，对连续型模型进行了深入的研究，探讨了建模方法、用户平衡证明、数值求解方法等内容，并将理论研究的成果应用于实际，检验了模型的有效性。

本书的组织如下：

第1章：交通平衡分配问题的综述；

第2章：离散型交通分配模型及数值解法；

第3章：弹性需求情况下的连续型交通分配模型及数值解法；

第4章：竞争性交通枢纽设施空间分析模型、敏感性分析方法及数值解法；

第5章：连续/离散混合体系中的平衡分配模型及其数值解法；

第6章：对全书进行总结，提出需要进一步研究的问题。

目 录

第1章 序言

1.1 研究背景

当人类的祖先从高耸的树端来到地面时，他们面临的第一个问题就是：路该如何走？可以说，交通出行的问题伴随着人类文明开始就已经出现了。在人类文明发展的初期，交通问题主要是交通工具的更新。在人类文明的发展历史中，交通工具的更新常常会给社会的发展提供极大的动力。到了19世纪，城市的交通运输有了很大的发展，虽然绝大部分交通工具还是由私人拥有，但出现了一些公共交通运输工具；同时，出于为战争服务的目的，政府在城市之间修筑了一些公路，提供了城市间交流的途径。在这个时期，城市交通运输系统初步形成。但是，受各方面条件的制约，这一初级的交通系统存在着很多的缺陷。当人类社会进入汽车时代后，交通运输方面的许多问题，特别是交通拥挤问题就渐渐成为困扰城市发展的难题。今天，交通已经成为人类生活中不可或缺的一部分，在人际交往和物资交流的各方面都需要通过交通来实现。交通运输的发达程度已成为一个国家（或地区）经济发达程度的标志。但伴随着交通运输系统的高速发展，道路阻塞、交通事故频繁发生，带来的负面效应也越来越严重。交通问题已成为困扰全世界的一个难题，没有一个国家能够例外。

在这样的背景下，交通运输规划模型的研究工作从 20 世纪 40 年代开始兴起。由于各国政府的重视，相关的方法和技术发展迅速。今天，交通运输规划已经发展成为以城市为主要研究对象，综合考虑土地利用和运输规划的系统工作。在过去的半个多世纪中，各国的研究人员尝试了很多方法，建立各种规划模型。Richardson 在总结交通运输规划模型的发展历程时将其划分成 5 个发展阶段[1]：

(1) 第一阶段是在 1969 年以前，它被称为集合模型阶段（the era of aggregate modeling）。在这一阶段里面，传统的四阶段模型得以建立并用于处理预测交通需求。

(2) 第二阶段是从 20 世纪 70 年代初期至末期，它被称为离散型出行需求模型阶段（the ear of disaggregate travel demand modeling）。在此阶段，交通需求并非通过“汇总”“平均”得到，而是通过离散的出行行为或是概率模型来处理交通需求。

(3) 第三阶段是从 20 世纪 70 年代末期到 80 年代初期，可以称为出行选择行为模型阶段（the era of behavioral travel choice modeling）。在交通规划中最重要的参数是出行次数，这类模型考虑了人的心理因素对出行次数的影响。

(4) 第四阶段从 20 世纪 80 年代初到 80 年代末，称为活动模型与观测技术阶段（the era of activity modeling and survey methodology）。

(5) 第五阶段是从 20 世纪 80 年代末开始，所谓的微电脑革命阶段（the era of microcomputer revolution）。利用信息技术发展的成果，传统的四阶段模型又得到了重新使用和发展。

在交通规划模型 60 多年的发展过程中，产生了以四阶段模型法为代表的经典方法，并得以不断改进和发展。四阶段模型法的四个核心部分是：出行发生、出行分布、方式选择和交通量分配。这四部分工作实际上解答了 4 个问题：有多少出行会产生？出行者将去哪里？出行者将选择什么交通方式？出行者将选择什么路线？以四阶段模型法为基础，依据不同的假设条件，可以对 4 个核心部分进行不同的组合，从而产生不同的模型体系。

本书研究的工作是四阶段模型法中交通量分配模型研究的深入和扩展。事实上，不同类型的交通分配模型都有其特定的假设条件，因而其适用的范围是有限的。针对交通规划的不同要求，应该采用不同的交通分配模型。本书研究的主要内容是建立解决大区域内的交通分配问题的交通分配模型。在这一层次上，传统的离散型交通分配模型不能给出很好的结果，而已有的连续型模型也有所欠缺。在综合考察了传统的离散型交通分配模型和连续型交通分配模型后，本书采用了一些新的思想和手法，提出了改进的连续型交通分配模型，最后建立了适于大区域交通分配的离散/连续混合交通体系的交通量分配模型，并给出了相应的数值解算方法。此类模型在区域经济分析、交通规划等方面都有相当的应用价值。

1.2 交通中的供需平衡关系

交通拥阻问题的产生从根本上来说都是交通运输系统提供的服务无法满足交通出行需求。交通分配模型研究的核心内容就是寻找不同环境下交通系统提供的服务和交通需求之间的平衡关系。随着交通量的增加，出行者所选择最短路径的出行时间也会随之增加。当最短路径的出行时间增加到一定程度之后，最短路径的出行时间会由于交通拥挤而变得大于次短路径的出行时间。这时，一部分的出行者会转向新的最短路径。同样，新的最短路径也会由于交通量的增加而降为次短路径。如果所有的道路利用者都能准确知道各条道路的所要时间并选择出行时间最短的路径的话，最终出行起点和终点这两点之间所有被利用的路径的出行时间都会相等，而那些没有被使用的各条路径的出行时间都是大于被利用路径的出行时间的。此时，出行者不能通过单独改变自己的路径而缩短其出行时间，交通网络上的交通流达到一个稳定的状态，我们称这种状态为交通网络的平衡状态。这一平衡状态的形成与经济学中的供需平衡状态的形成是类似的，因而在交通规划模型的研究中，我们借用了供需平衡的分析方法。

在古典经济学中，市场被划分为相互影响的两个方面：买方和卖方。供给和需求函数则是分析买方和卖方关系最基础、最重要的工具。供给函数描述了商品卖方的行为，当价格上升时，商品的供应量就会增加；需求函数则描述了买方的行为，当价格上升时，买方的需求量就会下降。图1-1(a)中，供给函数和需求函数的交叉点（P^*，Q^*）被称为平衡点，当价格定在 P^* 时，商品的供应量全部被需求方买走。这一供需平衡关系会应为价格的变动而改变。如果价格低于 P^* 时(图1-1(b))，商品的生产量低于消费量，出现供不应求的情况，生产商为了利益就会抬高价格，而需求量因此而下降，供、需两方会逐渐走向平衡点。如果价格定得过高(图1-1(c))，商品的供应量就高于消费量，这时就会产生库存，卖方不得不降低价格，买方的需求也会相应增加，这样的市场行为会让价格组建走向平衡点。

在实际的生活中，许多商品的价格并不是供给和需求的唯一决定因素。商品的很多特性都会影响到供给和需求，这时，我们可以用特性函数来代替供应函数。特性函数并不具备供给函数的经济意义，它只是表征一种物理现象，但特性函数与需求函数的平衡关系与供给函数和需求函数的平衡关系是类似的。

对于交通运输系统而言，流量与服务质量相关是其基本的特征。在对交通运输系统进行系统分析时，特性函数的自变量就是拥挤程度，拥挤导致出行时间和费用的增加，从而影响了交通出行产生的数量。交通出行量

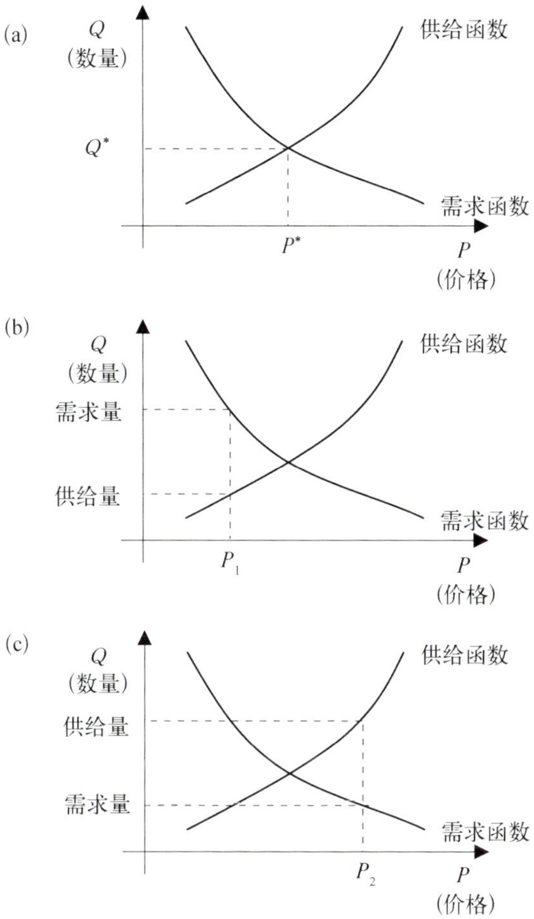

图 1-1 供需平衡图

和交通特性函数(交通拥挤)之间的平衡关系是交通运输系统分析，特别是交通量分配研究中的核心问题，因而交通量分配的相关模型又被称为平衡分配模型。

Knight(1924)[2]最早在交通分配问题的研究中提出了平衡的概念。但交通分配研究中最著名、影响最大的平衡概念是 Wardrop 提出的。1952 年，他在论文“Some theoretical aspects of road traffic research”[3]中给出了“用户平衡条件”(user equilibrium condition)的准确定义：每个 OD 对之间所有被选用的路线具有相同的出行费用，并且没有任何一条未被选用的路线会具有更低的费用。用户平衡条件又被称为 Wardrop 平衡准则，这一平衡准则可以理解为，如果这种平衡情况没有达到，那么至少有一些司机可以通过改变路线来减少出行费用。在交通平衡分配模型的半个世纪的发展中，Wardrop 提出的用户平衡条件一直被视为交通平衡分配模型需要满足的基本条件。

“用户平衡条件”是本书研究的所有模型都要求满足的基础条件，平衡关系是贯穿本书各部分的核心关系。

1.3 平衡分配模型的发展

在 Wardrop 提出了“用户平衡条件”的定义后，1956 年，Bechmann 等人[4]提出的满足用户平衡条件的数学规划模型就是最经典的离散型模型。Bechmann 等人采用 K－K－T 定理证明了模型优化解存在的必然性和唯一性。Bechmann 等人提出离散型数学规划模型时虽然证明其有稳定的解存在，但当时并没有给出有效的求取模型解的方法。有趣的是，求解固定需求的离散型平衡分配模型的标准方法——Frank－Wolfe 法[5]也是在 1956 年正式发表的。这一方法最初是用来解决线性规划问题中的一个子问题的，其后被引入求解交通分配模型，并被证明是很有效的收敛性算法。

在 Bechmann 等人提出的数学规划模型的基础上，研究者们又对离散型平衡分配模型进行了深入的多方面的探讨。Dafermos(Dafermos，1968，1972；Dafermos 和 Sparrow，1969，1971)[6-9]研究了多种固定需求的交通分配问题，并根据不同的属性假设建立了多个数学规划模型。但是她提出的模型，以及 Leventhal 等人(1973)[10]对她提出模型的扩展都不能满足大规模道路网络应用的需求。Gibert(1968)[11]和 Bruynooghe 等人(1969)[12]分别提出了两种收敛的解算方法。但是这两种算法都需要存储可行的路径,这对解算大型的路网仍不适用。Murchland(1970)[13]采用求解凸规划问题的方法研究了 Bechmann 的模型,证明了模型解的存在性和唯一性;同时也证明了上述一般性求解算法的收敛性。LeBlanc(1975)[14]应用 Frank -Wolfe 方法来求解固定需求的平衡分配模型,并给出了一个测试的算例。Nguyen(1974, 1976)[15,16]对求解固定需求的平衡分配模型的多种可行方法,包括需要存储可行路径的方法,进行了比较和评价。LeBlanc 等人(1984)[17]和 Florian 等人(1983)[18]利用数学规划方法中的一些新的研究成果改进了 Frank - Wolfe 方法,提高了它的收敛速度。

Aashtiani(1981)[19],Fefnandez 和 Friesz(1983)[20]在他们的论文中分别作了交通出行中的出行数量与出行费用相关的描述,这一类问题又被称为弹性需求问题。在数量—费用的描述中,目标函数的费用部分根据数量变量表示,目标函数的需求部分利用价格变量表示,价格和数量的相互关系由约束的需求函数当作价格反函数显含的表示。与之类似,在价格—数量描述中,目标函数的费用部分利用价格变量表示,需求部分由出行数量变量表示,价格和出行数量的相互关系由约束中的出行时间或费用等式显含地描述。

在模型研究和解算方法不断进展的同时,离散型平衡分配模型在城市交通规划中也取得了很多实际的应用。1976 年,Florian 和 Nguyen[21]采用温尼伯湖地区的实际数据,提出了令人信服的交通分配实例。Eash 等人(1979)[22]将第一版的 Frank - Wolfe 方法用于芝加哥地区的交通规划研究(Chicago Area Transportation Study, CATS)。Dial 采取了 Murchland 的建议,将平衡配流模型的解算方法——Frank - Wolfe 方法写入了城市交通规划系统手册(US Department of Transport, 1979)[23]中。Dow(1979)[24]在应用中发现,如果在求解时使用较好的解作为初始解,比如在进行芝加哥地区新的交通分配(1979)时采用上一次的交通分配结果(1960),算法的收敛速度会明显提高。今天,离散型平衡分配模型 Bechmann 模型及其标准收敛算法 Frank - Wolfe 方法已经成为城市交通分配中应用最广泛的模型和算法。

经过近一个世纪的发展,离散型交通分配模型的理论架构已较为完善,但在实际应用中,特别是解算大型网络仍存在一些问题。首先是基础资料的获取困难,大量的路段属性数据和 OD 数据都是较难取得的。其次是在节点多、可选路线多的情况下,算法所需的时间长、占用的资源多,而常常不能得到收敛的结果,有时还会发生分配的结果与定性分析的结果不符的情况。另外,OD 点选取与实际交通情况的产生也有较大的差异,不同 OD 点选取的方案对最终的分配结果有很大的影响。

近年来,交通平衡模型的研究中又出现了许多新的理论,其研究的热点主要集中在以下三个方面:① 动态交通分配模型;② 多模式混合交通体系;③ 连续型平衡分配模型。

(1) 动态交通分配模型是将时间参数引入静态平衡交通分配模型的一种建模方法。传统的静态交通分配模型是以城市交通规划和设计为目标,而动态交通分配模型是以描述城市交通拥阻特性和城市的交通管理和控制为目标。考虑了时间因素后,简单的一维静态模型变成了复杂的二维动态模型,这为交通控制系统和路径诱导系统提供了技术基础。Carey (1987)[25] 提出了一个改进的 Merchant - Nemhauser 模型,得到一个良好的非线性凸规划模型,但它带来了令人不快的 FIFO(First In First Out)控制特性。Ran 和 Boyce 等(1993)[26] 建立了动态分配的连续的最优控制问题模型,并把它转化为离散的非线性规划问题求解。加拿大 Montreal 大学的 Florian, M. 和 INRO 咨询公司的 Mahut, M. 、Tremblay, N. (2002)[27] 提出了基于仿真的动态迭代交通平衡分配模型。

(2) 多模式混合交通体系是指在交通系统中可供选择的出行方式有两

种或两种以上。多种交通方式混合是城市交通系统的一个主要特征,而传统的平衡分配模型多是基于单一的交通出行方式,不能很好地解决城市交通体系中换乘的问题。加拿大 Montreal 大学的 Florian,M. 等人(2000)[28]建立了基于弹性需求的多模式交通平衡分配的变分不等式模型。美国 Illinois 大学的 Bar-Gera, H. 和 Boyce, D. (2002)[29]将一般混合模式的交通体系发展为固定点问题的模型。香港理工大学的 Wu, Z. X. 和 Lam, W. H. K. (2002)[30]提出了拥挤状态下机非混合的固定需求交通平衡分配模型。荷兰 Delft 大学的 Bovy, P. H. L.[31]运用超级网络的手段处理了多模式网络条件的交通分配问题。

(3) 连续型平衡分配模型是将交通系统抽象为平面二维的区域,并假设区域属性的变化是微小的,属性函数可以用光滑的连续函数来表示[32]。与传统的离散型模型比较,连续型模型涉及的参数要少得多,解算模型所需的时间也少很多;另一方面,模型的交通需求在分析区域内连续分布产生,简化了 OD 矩阵的获得过程,也更符合实际情况。连续型平衡分配模型的结果直观,交通密度、出行费用等势图等更是传统离散型分配模型所不能完成的。已有的研究成果表明,在大范围、全局性的交通规划和客、物流管理中,使用连续型平衡分配模型有很好的效果。本书的工作就是连续型交通分配模型研究的深入和扩展。

连续型模型方法的起源可以追溯到 19 世纪初的区域经济学研究中,地理经济学家 Thunen(1826)在区域位置分析中提出了连续模型的思想。其后,这一方法在区域经济学中得到了发展。Cauchon(1925)较早在交通分配中尝试使用连续模型的方法,他采用六边形系统来模拟道路网络,并用半定性的连续方法进行分析。随着交通分配模型成为交通规划研究的热点,出现了大量的有关连续型交通分配模型的研究文献。我们可以将这类研究文献分为两类:特定城市形态模型和一般城市形态模型。

所谓特定城市形态模型,就是指模型研究的城市区域是理想化的区域形式(如圆环形等)。Lam 和 Newell(1967)[35]建立了由环形和放射形道路构成的连续体城市模型,并得到了与流量相关的交通分配微分方程式。Zitron(1974)[36]构建了环形城市连续体交通网络模型,可以寻找最优费用的路线,从对称的辐射状交通网推导出的欧拉—拉格朗日方程(Euler - Lagrange equation)可以采用积分的方法来解算。D'Este(1987)[37]研究了有少量放射性道路的城市交通分配模型。他在出行点连续分布、城市道路网由环状道路和辐射道路组成的城市模型基础上建立了交通出行空间分配的微分方程。Wong(1994)[38]将这一模型重写为在一定约束条件下目标函数最小的最优化问题,并采用指数展开的方式来求解这一模型。Wong 和 Tong(1996)[39]、Wong 等人(1996)[40]讨论了主要道路为环形道路的圆形连续城市区域中,出行阻抗与流量相关得多 O 多 D 交通分配问题。

一般,城市形态模型是指模型研究的城市区域没有特别的形状限定。Beckmann(1952)[41]最早在这方面进行尝试。他研究了一般形态连续区域中出行费用最小的城区内部交通分配问题。他将连续区域的边界定义为有限数量的光滑弧段,并类比在其他方面有较多应用的势能梯度公式,建立了连续交通系统中的微分方程。Wardrop(1971)[42]认为单位出行费用与位置和方向有关,他以寻找最小出行费用的路径为基础建立了相关模型。Williams 和 Ortuzar(1976)[43]将连续模型的方法和传统的离散模型的方法加以比较。Puu(1977)[44]定义了连续模型中交通流的相关概念。Buckley(1979)[45]用二维连续区域来代替离散交通网络体系来处理交通分配问题。他对一个 OD 对的情况进行了处理,并将这一做法扩展到 3 个和 4 个 OD 对。Dafermos(1980)[46]在交通出行连续分布于整个交通网络的假设基础上构造了交通分配模型。Dafermos 的模型考虑了交通流量守恒问题,并分别推导了用户平衡条件下和系统最优条件下的不同模型。

上述研究大部分都集中于对一般城市形态连续交通分配模型理论的研究,而解算这类模型的有效的数值算法——有限元算法,最早是在

Taguchi 和 Iri(1982)[47]的论文中出现。Taguchi 和 Iri 应用有限元算法处理了连续区域中的三类问题：最大交通流问题、最短路径问题和最小费用问题。Sasaki 等人(1990)[48]将连续区域中的用户平衡问题转化为了求解一系列约束条件下的目标函数最小值的最优化问题。在 Sasaki 等人的研究中，运用有限元方法求解模型可以得到城市区域中每个位置的费用势能，以及使用势能函数求得交通流密度。Wong 等人(1998)[49]研究了一般城市形态的交通分配模型，对有限元算法进行了修正和扩展，提出了计算结果较为稳定的修正有限元算法。Wong, S. C.(1999,2002,2003)[50-52]和 Yang, H.(2000)[53]等人相继提出了弹性需求和多 D 点的连续模型，并给出了改进的解算方法。

交通平衡分配模型的研究工作在国际上一直是研究的热点之一，包括交通工程、城市规划、区域经济乃至系统工程、经济学等方面的专家和学者都很关注这方面的研究。而国内在这一领域的研究水平与之相比尚有不小的差距。黄海军所著的《城市交通网络平衡分析理论与实践》[54]是这一领域的一本很好的入门教材，陆华普、高自友等人[55-59]在离散型交通分配模型方面的所做的研究工作取得了一些成果。但在连续型交通分配模型的研究方面，国内目前尚处于空白。

1.4 平衡分配模型的数学体系

回顾交通平衡分配模型的发展，我们可以将处理城市交通平衡分配问题的一般处理方法归纳如下：① 建立数学规划模型来描述平衡配流问题；② 证明模型的解(或是等价条件)满足平衡关系；③ 设计收敛的算法来求得模型的解。

在过去几十年的中，研究者们提出了多种形式的数学规划模型用于解决平衡配流问题。虽然模型的形式多种多样，但它们相互之间也存在着一定的关联的。这些数学规划模型之间关系由 Boyce[60] 总结如图 1－2 所示。

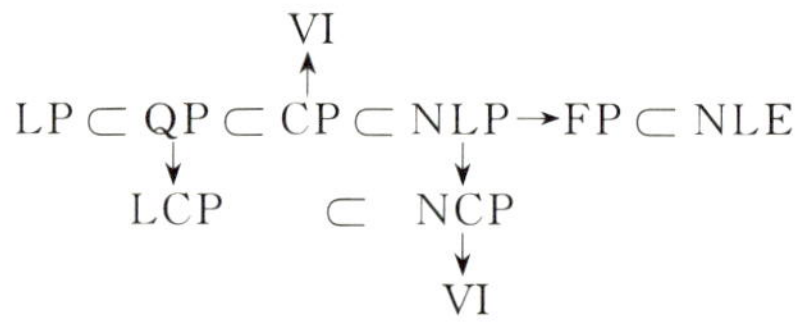

A⊂B：B 类问题是 A 类问题的一般化概括。
A→B：A 类问题可以用 B 类问题的方式表达。
LP：线性规划问题(linear programming problem)。
QP：二次规划问题(quadratic programming problem)。
CP：凸规划问题(convex programming problem)。
NLP：非线性规划问题(nonlinear programming problem)。
FP：固定点问题(fixed point problem)。
NLE：非线性方程组问题(nonlinear equation problem)。
LCP：线性补足条件问题(linear complementarity problem)。
NCP：非线性补足条件问题(nonlinear complementarity problem)。
VI：变分不等式问题(variational inequality problem)。

图 1－2　各类数学规划问题之间的关系

图 1－2 所示的平衡配流数学规划模型的关系架构图中包含了多种类型的数学规划问题。其中，利用等价关系来证明模型符合交通平衡条件是最为常用的方法。下面列出的是这些等价关系的一般性表达式。

(1) 非线性规划问题(nonlinear programming problem)⟶非线性补足条件问题(nonlinear complementarity problem)

NLP：

$$\begin{aligned} &\max f(x) \\ \text{s. t.}\quad &a(x) \leqslant b, \\ &x \geqslant 0. \end{aligned} \tag{1-1}$$

设：

$$v = ua'(x) - f'(x) \geqslant 0 \quad x \geqslant 0$$
$$y = b - a(x) \geqslant 0 \quad u \geqslant 0 \tag{1-2}$$

由 K-K-T 条件可得

$$vx + uy = 0 \tag{1-3}$$

从中可以解出 x 和 u。

NCP：

$$w = f(z) = (v, y) \geqslant 0$$
$$z^T = (x, u) \geqslant 0 \tag{1-4}$$
$$wz = 0$$

从式(1-4)中可以解得 z。

(2) 二次规划问题(quadratic programming)⟶线性补足条件问题(linear complementarity problem)

QP：

$$\max cx - \frac{1}{2}xAx$$
$$\text{s.t. } Ax \leqslant b \tag{1-5}$$
$$x \geqslant 0$$

设：

$$v = uA - c + xQ \geqslant 0 \quad x \geqslant 0$$
$$y = b - Ax \geqslant 0 \quad u \geqslant 0 \tag{1-6}$$

由 K-K-T 条件可得

$$vx + uy = 0 \tag{1-7}$$

从中可以解出 x 和 u。

LCP：

$$\begin{aligned} & w = Mz + q \\ & z^T = (x,\ u) \geqslant 0 \\ & w^T = (v,\ y) \geqslant 0 \\ & wz = 0 \end{aligned} \tag{1-8}$$

其中，

$$M = \begin{bmatrix} Q & A^T \\ -A & 0 \end{bmatrix},\ q = \begin{bmatrix} -c \\ b \end{bmatrix} \tag{1-9}$$

从式(1-8)中可以解得 z。

(3) 非线性补足条件问题(nonlinear complementarity problem)⟶变分不等式问题(variational inequality problem)

NCP：

$$\begin{aligned} & w = f(z) \\ & z \geqslant 0 \\ & w \geqslant 0 \\ & wz = 0 \end{aligned} \tag{1-10}$$

设：

$$z \in k,\ f(z) \in k^* = \{y \in \gamma:\ yz \geqslant 0,\ \forall\, z \in k\}, \tag{1-11}$$

可以得到

$$\begin{aligned} & f(z) \cdot z = 0 \\ \Rightarrow\ & f(z) \cdot (x - z) = f(x) \cdot x - f(z) \cdot z \geqslant 0 \\ \Rightarrow\ & f(z) \cdot x \geqslant 0,\ \forall\, x \in k \end{aligned} \tag{1-12}$$

求解式(1-12)中的 z 就是一个 VI 的问题。

上述三种等价关系是平衡分配问题中最常见的三种变换关系，这些关系在交通分配模型的等价性证明中经常出现。

1.5 技术路线及主要内容

本书的研究重点是交通分配模型。所谓模型，是现实世界特征的模拟和抽象，而交通分配模型就是对交通系统及其运行特征的一种模拟和抽象。就模型的结构模式而言，交通分配模型可以分为3个层次的模式：逻辑模式、数学模式和软件模式。它们之间的关系如右图所示。

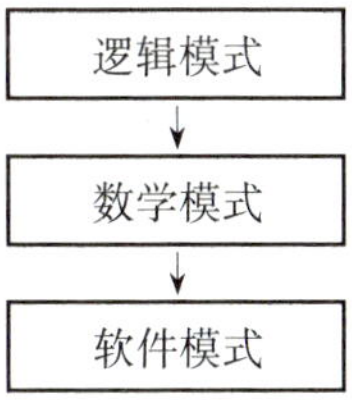

其中，逻辑模式是对真实交通体系的逻辑抽象集合；数学模式是在逻辑模式基础上建立的数学描述；软件模式则是计算机系统所反映出的形式。

根据交通分配模型的结构模式，可以确定出本书研究的技术路线。

1. 交通系统的抽象描述

考察离散型交通体系的抽象方法，参考已有的连续型模型的交通体系的抽象方法，提出适于本研究的城市连续区域的模型化方法，包括城市交通体系的连续化抽象方法、交通流的抽象方法、弹性需求函数的确定、连续区域中路阻函数的确定和其他一些交通系统特征的抽象原则和方法。

2. 数学规划模型的建立

在已有的连续型模型的基础上推导建立解决不同问题的连续型模型。本研究建立的连续型交通分配模型以数学规划问题的形式表述，通过运用变分原理(Variational Principle)等手段来证明其满足用户平衡条件和其他一些设置的约束条件。

3. 提出可行的数值解法

连续型模型的简析解通常是不能获得的，因而需要通过相应的数值解法来获得数值解。提出稳定、收敛的数值解法是模型能够真正应用的前提。本书中采用了有限元方法来离散连续型函数求得模型的数值解。牛顿迭代算法作为一种收敛性算法应用于数值解法中，通过循环迭代的办法来搜寻模型的数值解。

4. 模型的验证

运用算例来验证模型是交通分配模型研究中通常采用的方法。本书的研究也采用了这种方法，通过算例的分析来证明模型的有效性。同时，本书也引用了区域经济分析的实例来说明模型的应用。

在交通分配问题的研究中，由于对交通系统假设的不同，可以将交通平衡分配的数学规划模型分为两大类：离散型模型和连续型模型。离散型模型将交通系统抽象为由节点集合与有向弧集合组成的网络，各段弧有独立的路阻函数。离散型模型抽象出来的系统接近于现实的状况，易于理解。在路线选择、最短路径等问题的研究中，离散型模型的应用是必不可少的。而对于较大范围的路网，离散型模型的解算需要收集大量的路段属性数据和 OD 数据，同时耗费大量的计算时间，其结果常常不能令人满意。连续型模型则是将整个交通网络视为一个连续体，假设交通网络属性地改变是微小的、逐步过渡的，可以用光滑的数学函数来表示。连续模型通常只需要少量的路网特征参数，其计算的效率高，计算的结果直观。目前的一些连续型模型研究成果，模型仅局限于特定的城市形式，普遍代表性不强；有些模型虽然建立在任意形式的区域上，但没有提出可行的求解方法，实用性不强。本书研究的一个主要目标是建立有普遍代表性的连续型交通分配模型，并提出可行的数值解算方法。

考察一般城市交通网络系统的特征，我们可以发现大多数大城市的交通网络都是由快速道路网和区域道路网组成的。在这种交通网络系统中，典型的出行方式是由区域道路进入最近的快速道路入口，然后通过快速路网，到达另一出口，再利用区域道路到达目的地。对于这类路网系统的交通分配问题，单纯地采用离散型或是连续型模型都不能很好的解决。本书的主要目标之一就是在参考总结已有研究成果的基础上，建立了满足弹性需求及用户平衡条件的离散/连续混合体系中的交通分配数学规划模型，并提出求解模型的可行数值算法。

相互存在竞争的大型公共交通枢纽设施的空间位置分析问题一直是地域经济、工业组织和交通管理学科研究的热点。作为二维平面空间形式的模型，连续模型在公共交通设施空间位置分析的研究中有独特的优势，其直观的表达形式、明确的数值结果，对这类问题的分析工作有很大的帮助。本书也将讨论这类问题的建模方法以及数值算法。

本书的主要研究内容包括以下几个方面：

(1) 弹性需求情况下的多吸引点的连续型交通分配模型；

(2) 区域分析中所应用的连续型交通分配模型；

(3) 连续型交通分配模型中的敏感性分析问题；

(4) 连续/离散混合体系下的交通平衡分配模型；

(5) 连续平衡分配模型的数值解法。

参考文献

[1] 杨兆升. 交通运输系统规划[M]. 人民交通出版社，1998.

[2] Knight F H. Some fallacies in the interpretation of social cost[J]. Quarterly Journal of Economics, 1924, 38: 582 - 606.

[3] Wardrop J G. "Some theoretical aspects of road traffic research"[M]. Proc. Inst. Of Civil Engrs. Part II, 1952.

[4] Bechmann M, Mcguire C B, Winsten C B. Studies in the Economics of Transportation[M]. Yale University Press, 1956.

[5] Frank M, Wolfe P. An algorithm for quadratic programming[J]. Naval Research Logistics Quarterly, 1956, 3: 95 - 110.

[6] Dafermos S C. Traffic equilibrium and variational inequalities[J]. Transpn. Sci., 1968, 14: 42-54.

[7] Dafermos S C. An extended traffic assignment model with applicaitions to two way traffic[J]. Transpn. Sci., 1972, 4.

[8] Dafermos S C, Sparrow F T. The traffic assignment problem for a general network[J]. Journal of Research of the National Bureau of Standards, Series B, 1969, 73B(2): 91-118.

[9] Dafermos S C. Relaxation algorithms for the general asymmetric traffic equilibrium problem[J]. Transpn. Sci., 1971, 16: 231-240.

[10] Luenberger D G. Introduction to Linear and Nonlinear Programming[M]. Addison-Wesley, Reading, Mass, 1973.

[11] Drew D R. Traffic Flow Theory and Control[M]. McGrwaw-Hill, New York, 1968.

[12] Bruynooghe M, Gilbert A and Sakarovitch M. One method for traffic assignment (in France)[J]. Bonn, 1969: 198-204.

[13] Murchland J D. Road network distribution in equilibrium[J]. Operations Research-verfahren, 1970, 8: 145-183.

[14] LeBlanc L J, Morlok E K, Piersskalla W P. An efficient approach to solving the road network euilibrium traffic assignment problem[J]. Transpn. Res., 1975, 9: 309-318.

[15] Nguyen S. Une approche unifiée des méthodes d'équilibre pour l'affectation du traffic[M]. Univ. de Montréal. CRT, 1974.

[16] Nguyen S. Estimating an OD matrix from network data: a network equilibrium approach[M]. Pulication No. 87, Centre de research sur les transports, Univ. of Montreal, 1976.

[17] LeBlanc L J, Helgason R V, Boyce D E. Improved efficiency of the Frank-Wolf algorithm[J]. Transpn. Sci., 1984: 18.

[18] Florian M, Spiess H. On Binary Mode Choice/Assignment Models[J].

Transportation Science 17, No. 1: 32 - 47.

[19] Aashitiani H Z, Magnanti T L. Equilibrium on a congested transportation network[J]. SIAM J. of Algebraic and Discrete Methods, 1981, 2: 213 - 226.

[20] Fernandez L J E, Freisz T L. Equilibrium predictions in transportation markets: the state of the art[J]. Transpn Res. 17B, 1983: 155 - 172.

[21] Florian M, Nguyen S, Ferland J. On the combined distribution-assignment of traffic[J]. Transpn. Sci., 1975, 9: 43 - 53.

[22] Eash R W, et al. equilibrium trip assignment: advantages and implications for practice[J]. Transpn. Res. Record. No. 728, 1979: 1 - 8.

[23] Urban Transportation System Design Manual[R]. US Department of Transport, 1979.

[24] Vliet D V, Dow P D C. Capacity-restrained road assignment [J]. Traffic Engineering and Control, 1979: 296 - 305.

[25] Carey M. A Optimal Time-varying Flows on Congested Networks [J]. Operations Research, 1987, 35 (1): 58 - 69.

[26] Ran Bin, Boyce D E, Leblanc L J. A New Class of Instantaneous Dynamic User — optimal Traffic Assignment Models [J]. Operations Research, 1993, 41(1): 192 - 202.

[27] Michael Mahut, Michael Florian, Nicolas Tremblay. Space-Time Queues and Dynamic Traffic Assignment: A Model, Algorithm and Applications[C]// TRB 2003 Annual Meeting, 2003.

[28] Florian M, Wu J H, He S. A multi-class multi-model variable demand network equilibrium model with hierarchical Logit structures [C]// Proceedings of Seminar C held at the PTRC Transport and Planning Summer Annual Meeting, University of Sussex, England, 2000: 211 - 224.

[29] Bar-Gera H, Boyce D. Origin-based algorithms for combined travel forecasting models[J]. Forthcoming in Transportation Research Part B.

[30] Wu Z X, William H K. Lam, A network Equilibrium Model for Congested

Multi-mode Transport Network with Elastic Demand[C]// Proceedings of the 7th Conference of HKSTS, 2002: 274 - 283.

[31] Piet H L. Bovy, Modelling Inter-model Trips in Multi-model Networks [M]. 2002.

[32] Vaughan R J. Urban Spatial Traffic Patterns[M]. Pion, London, 1987.

[33] Wong S C, Du Y C, Ho H W, et al. "A Simultaneous Optimization Formulation of the Discrete/Continuous Transportation System," Journal of Transportation Research Board: Transportation Research Record, in press, 2003.

[34] Wong S C, Zhou C W, Lo H K, et al. An improved solution algorithm for the multi-commodity continuous distribution and assignment model [J]. ASCE Journal of Urban Planning and Development, 2002.

[35] Lam T N, Newell G F. Flow dependent traffic assignment on a circular city[J]. Transportation Sci., 1967, 1: 318 - 361.

[36] Zitron N R. A continuous model of optimal-cost routes in circular city[J]. J. Optim. Theory Appl., 1974, 14(3): 291 - 303.

[37] D'Este G. Trip assignment to radial major roads[J]. Transportation Research 21B, 1987: 433 - 442.

[38] Wong S C. An alternative formulation of D'Este's trip assignment model[J]. Transportation Research 28B, 1994: 187 - 196.

[39] Wong S C, Tong C O. Flow dependent traffic assignment in a circular city with a major circumference ring road[C]// Proceedings of the Highways into the Next Century Conference, 24 - 26 November, Hong Kong, 1996: 793 - 801.

[40] Wong S C, Tong C O, Wong C K. Flow dependent traffic assignment in a circular city: ring-radial routing system[C]// Proceedings of the International Conference on Urban Engineering in Asian Cities in the 21st Century, 20 - 23 November, Bangkok, Thailand, 1996: E7 - 12.

[41] Beckmann M. A continuous model of transportation [J]. Econometrica, 20, 1952.

[42] Wardrop J G. Minimum cost paths when the cost per unit length depends on location and direction[J]. Fifth Symposium on Transportation and Traffic Flow, Berkeley, California, 1971: 429 - 437.

[43] Williams H C W L, Ortuzar J D. Some generalizations and applications of the velocity field concept: trip patterns in idealized cities[J]. Transportation Res., 1976, 10: 65 - 73.

[44] Puu T. A proposed definition of traffic flow in continuous transportation models [J]. Environment and Planning 9A, 1977: 559 - 567.

[45] Buckley D J. Traffic assignment in a two-dimensional continuous representation of a traffic network with flow-dependent speeds[J]. Transportation Research 13B, 1979: 167 - 179.

[46] Dafermos S C. Continuum modeling of transportation networks [J]. Transportation Research 14B, 1980: 295 - 301.

[47] Taguchi A, Iri M. Continuum approximation to dense networks and its application to the analysis of urban road networks [J]. Mathematical Programming Study 20, 1982: 178 - 217.

[48] Sasaki T, Iida Y, Yang H. User equilibrium traffic assignment by continuum approximation of network flow[C]// Proc. 11th Int. Symp. On Transportation and Traffic Theory, Japan, Yokohama, July, 1990.

[49] Wong S C, Lee C K, Tong C O. Finite element solution for the continuum traffic equilibrium problems[J]. Int. J. Numer. Meth Engng. 43, 1998.

[50] Wong S C, Yang H. Determining Market Areas Captured By competitive Facilities: A Continuous Equilibrium Modeling Approach [J]. Journal of Regional Science 39, 1999.

[51] Wong S C, Zhou C W, Lo H K, et al. An improved solution algorithm for the multi-commodity continuous distribution and assignment model [J]. ASCE Journal of Urban Planning and Development, 2002.

[52] Wong S C, Du Y C, Ho H W, et al. A Simultaneous Optimization Formulation

of the Discrete/Continuous Transportation System[J]. Journal of Transportation Research Board: Transportation Research Record, (2003), in press.

[53] Yang H, Wong S C. A continuous equilibrium model for estimating market areas by competitive facilities with elastic demand and market externality [J]. Transportation Science 34, 2000: 216 - 227.

[54] 黄海军. 城市交通网络平衡分析理论与实践[M]. 北京: 人民交通出版社, 1994.

[55] 陆化普, 等. 交通规划理论与方法[M]. 北京: 清华大学出版社, 1998.

[56] 陆化普, 殷亚峰. 交通网络均衡分析的变分不等式方法[J]. 公路交通科技, 1997, 6.

[57] 黄中祥, 贺国光. 均衡交通分配模型综述[J]. 系统工程, 1998, 3.

[58] 陆化普, 殷亚峰. 均衡交通分配模型与应用[J]. 公路交通科技, 1995, 12.

[59] 四兵锋, 高自友. 城市公交网络均衡配流模型及算法的研究[J]. 公路交通科技, 1998, 9.

[60] Boyce D E. Urban transportation network-equilibrium and design models: recent achievements and future prospects[J]. Environment and Planning, 16A, 1984.

第2章 经典离散模型及其解算方法

自从 1952 年 Wardrop[1] 提出了用户平衡条件(UE)后,交通和运筹学的研究者建立了许多满足用户平衡条件(UE)的交通平衡分配模型。在离散型的平衡配流模型中,Beckmann 提出的数学规划模型(又被称为 Beckmann 变换)[2] 无疑是最为经典的,也是应用最为广泛的。

2.1 离散网络描述及符号定义

"网络"是当前最为流行的词语之一。在描述许多有形的物理体系或无形的信息体系时,我们都可以用到它。物理体系如电信线路和交换机、道路和交叉口等;信息体系如信息流和收发节点等。一般来说,网络包含了两大类基本单元:节点集合和弧段集合。城市交通网络体系可以用网络系统及一些相关的属性函数加以描述。下面将对城市交通网络的描述和符号定义做详细介绍。

2.1.1 城市交通网络描述

城市交通路网的主要元素包括路段和交叉口。就网络描述而言,交叉口对应于网络的节点，而路段对应于网络的弧段。从系统分析的角度出发，我们所研究的城市交通网络属于连通的有向网络，这就是说，网络中的弧段是有方向的，且从一个节点到另一个节点之间总是有路可行的。节点之间的路或路径是指连接两个节点之间的有向弧段的集合。通常，节点之间的可行路径不止一条，网络的规模越大，节点之间的可行路径就越多。需要指出的是，交通网络研究中不讨论环的问题，实际中也不会发生在环上的出行路径。

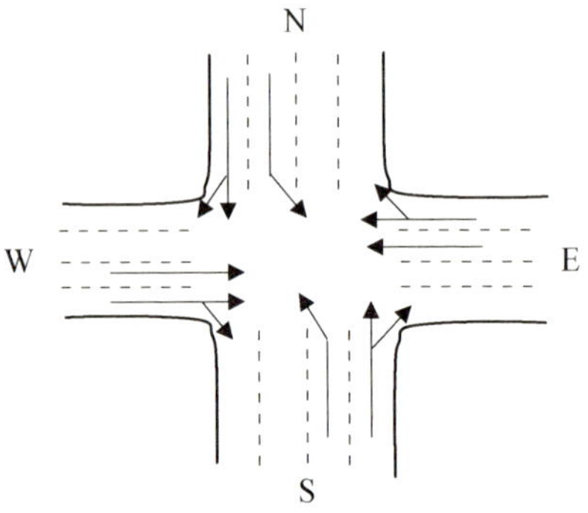

图 2-1　W-E 方向禁止左转的四车道交叉路口

在对实际的交通系统进行描述时，由于需要解决问题的详细程度不同，网络描述的方法也是不同的[3]。例如，在对如图 2-1 所示的交叉路口进行网络描述时，如果研究的问题是针对很大范围的交通网络，这一路口可以简单地描述为一个节点和相邻的 8 个弧段，如图 2-2(a)所示；如果是对局部地交通问题进行分析研究，就需要表达得更准确一些，这里可以用 4 个节点和 10 条短弧段来描述，如图 2-2(b)所示。当然，详细的网络构造所需要的时间和其后分析、计算的时间都会大大高于

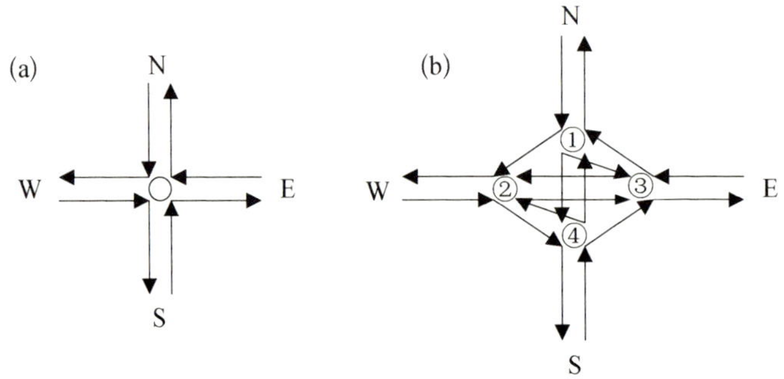

图 2-2　描述图 2-1 交叉路口的两种方法

简单的网络构造。

在解决一些具体的技术问题时，为了方便现象的描述或模型的建立，我们可能在网络中添加一些并不存在的弧段，这些弧段被称为虚弧；有时也将其他的一些设施抽象为节点，如地铁车站、住宅小区的出口等。另一方面，对于一些并不重要的单元，我们在网络描述时可以将其忽略，而不予以表达。

2.1.2　起讫点及 OD 矩阵

交通分配所要解决的问题就是如何将交通出行分布到交通网络的路段上。在我们研究的离散路网上，交通出行都是从一个节点到达另一个节点。通常，我们称产生交通的节点为起节点（Origin Point），吸收交通的节点为讫节点（Destination Point）。交通出行的产生实际上是分布在整个区域中的，对离散型网络而言，就是要将区域产生的流量分布到网络节点上。一般的做法是将要研究的大区域划分成若干个小的区域，划分时，参考该大区域原有行政管辖范围的分界线、工商业分布和居民居住分布等因素。小区域划分的尺寸取决于研究问题的深度，每个小区用一个节点表示，一般位于小区域的中心，这个节点就是起讫点。交通网络中交通量的产生和交通量的吸收都发生在起讫点上。网络中还有许多其他的节点，如交叉路口节点、公共汽车站等，这些节点并不产生或吸收交通量。

起讫点确定后，则可以使用 O－D 矩阵（起讫矩阵）来描述出行单位在起点和讫点之间的数量分布情况。所谓的 O－D 矩阵是指在一个二维的矩阵中分别用行和列来表示研究区域中各个小区的交通出行发生量和吸引量，如表 2－1 所列。

在表 2－1 的 O－D 矩阵中，第 i 行第 j 列的元素 T_{ij} 表示从第 i 个小区到第 j 个小区的出行数量，对角线上的元素 T_{ii} 对应的是第 i 个小区内部的

表 2-1 O-D 矩阵的一般结构

发生	吸引					$\sum_j T_{ij}$
	1	2	3	$\cdots j$	$\cdots z$	
1	T_{11}	T_{12}	T_{13}	$\cdots T_{1j}$	$\cdots T_{1z}$	O_1
2	T_{21}	T_{22}	T_{23}	$\cdots T_{2j}$	$\cdots T_{2z}$	O_2
3	T_{31}	T_{32}	T_{33}	$\cdots T_{3j}$	$\cdots T_{3z}$	O_3
…						
i	T_{i1}	T_{i2}	T_{i3}	$\cdots T_{ij}$	$\cdots T_{iz}$	O_i
…						
z	T_{z1}	T_{z2}	T_{z3}	$\cdots T_{zj}$	$\cdots T_{zz}$	O_z
$\sum_i T_{ij}$	D_1	D_2	D_3	$\cdots D_j$	$\cdots D_z$	$\sum_{ij} T_{ij} = T$

出行。O-D 矩阵本身用 $\{T_{ij}\}$ 或是 $\vec{T}$ 来表示，其中，O_i 是第 i 个小区的出行发生总数，D_j 是第 j 个小区的出行吸引总数。O-D 矩阵也可以根据具体情况加以细化，例如 O-D 矩阵分成以出行人的类型或以出行方式分开的多个 O-D 矩阵。

O-D 矩阵是交通分配研究中重要的资料，它是交通供需平衡关系中需求现象的具体表现，O-D 矩阵的变化反映了交通系统中需求的变化。

2.1.3 路阻函数

车辆在路网路段上的行程时间与弧段上的交通量大小有密切关系。当路网路段上的交通量增加时，弧段上车辆的行驶速度会随之下降。路段流量较小时，行车速度随交通量增加而减少的趋势较缓，但随着交通量的增加，路段上的行车速度随交通量的增加而快速下降。当车流量接近路段的容量时，交通拥堵现象就会出现。

路段阻抗函数就是用来描述上述交通特性的。图 2-3 所示是一条典型的路段阻抗函数。图中的零流时间是指路段流量为空静状态时，车辆自由行驶完该路段的时间(即自由行程时间)。当路段上的车辆增加时，车辆之间的相互影响会使车辆在路段上的行驶时间(路段阻抗)单调上升。当流量逼近路段的容量时，阻抗会急剧上升，直至所有的车辆都不能行驶。

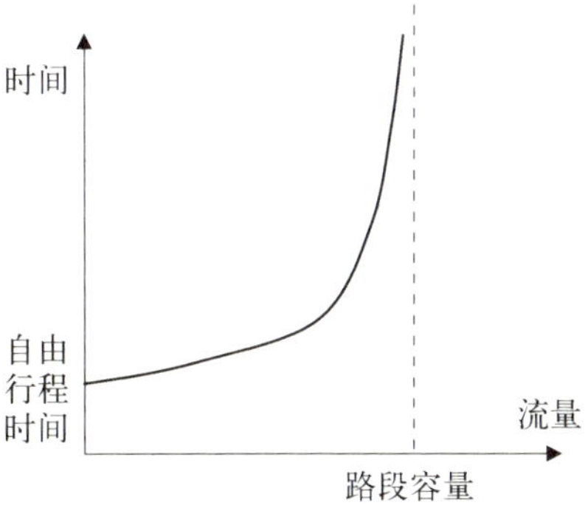

图 2-3　一个典型的阻抗函数

在实际的交通分配中，路段阻抗函数通常被表示为每单位距离的路段阻抗对流量，或者行驶时间对流量的关系。精确的交通分配方法需要使用路段的属性参数(如容量、自由行程时间等)和网络上道路的交通流量来计算路段阻抗，即

$$c_a = c_a(\{V\}) \tag{2-1}$$

也就是说，路段 a 上阻抗是整个网络所有流量 V 的函数，而不仅仅是路段本身的问题。当我们考虑比较长的路段时，也就是当出行时间绝大多数都花费在路段上而非交叉口时，式(2-1)可以简化写成

$$c_a = c_a(V_a) \tag{2-2}$$

也就是说，路段的阻抗只取决于通过它本身的流量和路段自身的性质。这个假设简化了函数的形式，从而可以方便地应用于交通分配研究中。现在，式(2-2)的关系可以用很多函数形式来表达，但从交通分配的观点出发，必须注意满足下面的性质：

(1) 真实性，模型的结果必须足够真实；

（2）函数应该是非下降函数且是单调的，也就是说，流量的增加不应使出行时间减少，这不仅合理而且是必需的条件；

（3）函数必须是连续的；

（4）函数应该允许过流量的区域存在，也就是说，即使流量已经等于或大于容量，函数不能产生无穷大的出行时间。

下面是几种常见的阻抗函数[3]。

（1）底特律规划中应用的 Smoch(1962)函数：

$$t = t_0 \cdot \exp(V/Q_s) \tag{2-3}$$

式中：t ——单位距离的出行时间；

t_0 ——单位距离的自由行程时间；

Q_s ——稳定状态下路段的容量。

（2）Overgaard(1967)函数：

$$t = t_0 \cdot \alpha^{\beta(V/Q_p)} \tag{2-4}$$

式中：t ——单位距离的出行时间；

t_0 ——单位距离的自由行程时间；

Q_p ——路段的容量；

α 和 β ——标定系数。

（3）美国公路署(BRP)的路阻函数(BRP，1964)[4]：

$$t = t_0\left[1 + \alpha\left(\frac{V}{Q_p}\right)^{\beta}\right] \tag{2-5}$$

式中：t ——单位距离的出行时间；

t_0 ——单位距离的自由行程时间；

Q_p ——路段的容量；

α 和 β ——标定系数。

上述阻抗函数都是以广义时间的单位来计量。阻抗函数的具体参数取决于路段的物理特征，如路段的长度、宽度、路面质量、交通管理的水平等。

2.1.4　符号定义

为了方便问题的表述和数学规划模型的建立，这里对交通分配问题中的一些常用符号加以定义：

N ——节点的集合；

A ——路段(有向弧)的集合；

$G=(N, A)$ ——路网集合；

R ——交通产生节点的集合，$R \in N$；

S ——交通吸引节点的集合，$S \in N$；

r ——一个交通产生节点，$r \in R$；

s ——一个交通吸引节点，$s \in S$；

K_{rs} ——连接 OD 对 $r-s$ 的所有路径的集合；

q_{rs} ——从节点 r 到 s 的交通需求量；

v_a ——在弧段 a 上的交通流量；

t_a ——弧段 a 上的阻抗(行程时间)；

h_k^{rs} —— OD 对 $r-s$ 之间路径 k 上的流量，$k \in K_{rs}$；

c_k^{rs} —— OD 对 $r-s$ 之间路径 k 的阻抗(行程时间)，$k \in K_{rs}$；

$\delta_{a,k}^{rs}$ ——如果弧段 a 在连接 OD 对 $r-s$ 的路径 k 上的话，其值为 1；否则，其值为 0。

城市交通网络的构造是一门科学，也是一门艺术，它是城市交通分配研究的基础。成功的交通网络构造与实践和经验紧密相关。在交通网络构造的基础上，我们将讨论城市交通网络平衡理论。

2.2 用户平衡数学规划模型

2.2.1 Beckmann 平衡配流模型

在 Wardrop 的“用户平衡条件”的基础上，Beckmann 提出了等价的数学规划模型：

$$\min Z(x) = \sum_a \int_0^{x_a} t_a(x)\mathrm{d}x \tag{2-6a}$$

s. t.

$$\sum_k f_k^{rs} = q_{rs} \qquad \forall\, r,\, s \tag{2-6b}$$

$$f_k^{rs} \geqslant 0 \qquad \forall\, k,\, r,\, s \tag{2-6c}$$

$$x_a = \sum_r \sum_s \sum_k f_k^{rs} \delta_{a,k}^{rs} \qquad \forall\, a \tag{2-6d}$$

约束条件式(2-6b)代表了路径交通流量与 O-D 流量之间的守恒关系。条件式(2-6c)则是保证了所有路径上的交通流量一定是非负的值。而约束条件式(2-6d)则是表示了弧流量与路径流量之间的关联关系：

$$\frac{\partial x_a(f)}{\partial f_l^{mn}} = \frac{\partial}{\partial f_l^{mn}} \sum_r \sum_s \sum_k f_k^{rs} \delta_{a,k}^{rs} = \delta_{a,l}^{mn} \tag{2-7}$$

这里需要指出的是，Bechmann 数学规划模型还有两个假设条件：一是弧阻抗只是该弧段交通流量的函数，而与其他弧段上的交通流量无关；二是弧的阻抗函数是流量的严格增函数，这也就是拥挤效应的表现。这两个假设的数学形式表达为

$$\frac{\partial t_a(x_a)}{\partial x_b} = 0 \qquad \forall\, a \neq b \tag{2-8a}$$

$$\frac{\partial t_a(x_a)}{\partial x_a} > 0 \qquad \forall a \tag{2-8b}$$

从数学意思上而言，Beckmann 数学规划模型的目标函数是所有弧阻抗函数积分的和；而从经济意义上而言，这个数学规划模型并没有直观的经济含义。但是我们可以从这个数学规划模型出发，推导出满足“用户平衡条件”的解。

2.2.2　用户平衡条件等价性证明

数学规划模型式(2-6)是一个带线性等式和非负值约束条件的极小值问题，其任意局部解必然满足一阶必要条件（也通常称为 K-K-T 条件）。因而，如果式(2-6)的一阶条件等同于用户平衡条件，则说明数学规划模型式(2-6)的解能够使用户平衡条件成立，也就证明了式(2-6)和用户平衡条件之间的等价关系。

为方便证明，引入下面的 Lagrange 函数：

$$L(f, \mu) = Z[x(f)] + \sum_{rs} \mu_{rs} \left(q_{rs} - \sum_{k} f_k^{rs}\right) \tag{2-9}$$

式中，μ_{rs} 为对应于式(2-6b)的 Lagrange 算子。

上述 Lagrange 函数的变量是路径流量 f_k^{rs} 和 Lagrange 算子 μ_{rs}，根据 K-K-T 条件，我们可以写出式(2-6)的一阶必要条件：

$$f_k^{rs} \frac{\partial L(f, \mu)}{\partial f_k^{rs}} = 0, \qquad \forall k, r, s \tag{2-10a}$$

$$\frac{\partial L(f, \mu)}{\partial f_k^{rs}} \geqslant 0, \qquad \forall k, r, s \tag{2-10b}$$

$$\frac{\partial L(f, \mu)}{\partial \mu_{rs}} = 0 \qquad \forall r, s \tag{2-10c}$$

$$f_k^{rs} \geqslant 0 \qquad \forall k, r, s \tag{2-10d}$$

由式(2－9)可以得出

$$\begin{aligned}\frac{\partial L(f,\mu)}{\partial f_l^{mn}} &= \frac{\partial Z[x(f)]}{\partial f_l^{mn}} + \frac{\partial}{\partial f_l^{mn}}\sum_{rs}\mu_{rs}(q_{rs} - \sum_k f_k^{rs}) \\ &= \sum_{b\in A}\frac{\partial Z(x)}{\partial x_b}\frac{\partial x_b}{\partial f_l^{mn}} + \frac{\partial}{\partial f_l^{mn}}\sum_{rs}\mu_{rs}(q_{rs} - \sum_k f_k^{rs})\end{aligned} \tag{2-11}$$

其中：

$$\frac{\partial Z(x)}{\partial x_b} = \frac{\partial}{\partial x_b}\sum_a \int_0^{x_a} t_a(x)\mathrm{d}x = t_b \tag{2-12}$$

$$\frac{\partial x_b}{\partial f_l^{mn}} = \delta_{b,l}^{mn} \tag{2-13}$$

注意到 q_{rs} 是已知的常量，而 μ_{rs} 并不是 f_l^{mn} 的函数，式(2－11)右边的第二项可以写为

$$\frac{\partial}{\partial f_l^{mn}}\sum_{rs}\mu_{rs}(q_{rs} - \sum_k f_k^{rs}) = -\mu_{mn} \tag{2-14}$$

将式(2－12)、式(2－13)、式(2－14)代入式(2－11)中，可得

$$\begin{aligned}\frac{\partial L(f,\mu)}{\partial f_l^{mn}} &= \sum_{b\in A}\frac{\partial Z(x)}{\partial x_b}\frac{\partial x_b}{\partial f_l^{mn}} + \frac{\partial}{\partial f_l^{mn}}\sum_{rs}\mu_{rs}(q_{rs} - \sum_k f_k^{rs}) \\ &= \sum_{b\in A} t_b\delta_{b,l}^{mn} - \mu_{mn} \\ &= c_l^{mn} - \mu_{mn}\end{aligned} \tag{2-15}$$

由式(2－9)、式(2－10c)，我们很容易推出

$$\frac{\partial L(f,\mu)}{\partial \mu_{rs}} = q_{rs} - \sum_k f_k^{rs} = 0 \tag{2-16}$$

通过以上的推导，我们可以将数学规划模型式(2－6)的一阶条件重新写成下列式子：

$$f_k^{rs}(c_k^{rs}-\mu_{rs})=0 \qquad \forall\, k,\, r,\, s \tag{2-17a}$$

$$c_k^{rs}-\mu_{rs}\geqslant 0 \qquad \forall\, k,\, r,\, s \tag{2-17b}$$

$$\sum_k f_k^{rs}=q_{rs} \qquad \forall\, r,\, s \tag{2-17c}$$

$$f_k^{rs}\geqslant 0 \qquad \forall\, k,\, r,\, s \tag{2-17d}$$

式(2－17c)和式(2－17d)是流量守恒约束和路径流量非负值约束，它们在数学规划模型(2－6)的极小点上自然得到满足。从式(2－15a)和式(2－15b)可知，当 $f_k^{rs}=0$ 时，$c_k^{rs}\geqslant\mu_{rs}$；当 $f_k^{rs}>0$ 时，$c_k^{rs}=\mu_{rs}$。这就是说，对应于O－D对子 $r-s$ 的 Lagrange 算子 μ_{rs} 总是小于或是等于连接 O－D 对子 $r-s$ 的任意路径的阻抗。因此 μ_{rs} 是起节点 r 和讫节点 s 之间的最小阻抗。

从上述分析可以看出，式(2－17)表达了 Wardrop 提出的用户平衡条件(UE)，即连接 O－D 对子的所有路径可以分成两类：一类是路径上有流量的，其路径阻抗总是等于最小 O－D 阻抗；另一类是路径上没有流量，其路径阻抗总是大于或等于最小 O－D 阻抗。当流量分布达到满足式(2－17)约束集合的条件时，就没有任何一个出行单位可以通过单方面改变他的行驶路径而减少其出行的阻抗了。这也就证明了数学规划模型式(2－6)的解确实是等同于用户平衡条件(UE)的解，因而数学规划模型式(2－6)通常又被称为 UE 规划或是 UE 等价极小值问题。

2.2.3　唯一性条件证明

数学规划模型式(2－6)是由线性等式约束、非负条件和目标函数构成的，约束集自然是凸的，如果目标函数也是凸的，则数学规划模型式(2－6)是一个凸规划问题，对于凸规划问题，最优目标函数值是唯一的。如果目标函数还是严格凸的，则数学规划模型式(2-6)是一个严格凸规划问题，其最优点 x^* 是唯一的。

由 $Z(x)$ 的 Hessian 矩阵 $\nabla^2 Z(x)$ 的正定性，可以判断其凸性。

$$\frac{\partial Z(x)}{\partial x_m} = \frac{\partial}{\partial x_m}\sum_a \int_0^{x_a} t_a(x)\mathrm{d}x = t_m(x_m) \tag{2-18}$$

前面已经假设 $\partial t_a(\cdot)/\partial x_b = 0,\ a \neq b$，故有

$$\frac{\partial^2 Z(x)}{\partial x_m \partial x_n} = \frac{\partial t_m(x_m)}{\partial x_n} = \begin{cases} \dfrac{\mathrm{d}t_n(x_n)}{\mathrm{d}x_n}, & m = n \\ 0, & m \neq n \end{cases} \tag{2-19}$$

而 $Z(x)$ 的 Hessian 矩阵为

$$\nabla^2 Z(x) = \begin{bmatrix} \dfrac{\mathrm{d}t_1(x_1)}{\mathrm{d}x_1} & 0 & 0 & \cdots \\ 0 & \dfrac{\mathrm{d}t_2(x_2)}{\mathrm{d}x_2} & 0 & \cdots \\ 0 & 0 & \cdots & \cdots \\ \cdots & \cdots & \cdots & \dfrac{\mathrm{d}t_A(x_A)}{\mathrm{d}x_A} \end{bmatrix} \tag{2-20}$$

如果所有的弧阻抗函数为升函数，则 $\mathrm{d}t_a(x_a)/\mathrm{d}x_a > 0,\ \forall\ a$，因而 $\nabla^2 Z(x)$ 是正定的，目标函数就是严格凸函数，UE 规划有唯一的极小点。

式(2-20)实际上是阻抗函数向量 $t(x)$ 对于 x 的 Jacobian 矩阵 $\left(\dfrac{\partial t_a(x_a)}{\partial x_b}\right)^{A\times A}$，故通常用 Jacobian 矩阵研究 UE 规划即式(2-6)的特性。

需要指出的是，UE 规划即式(2-6)相对于弧流量是严格凸的，而对路径流量却不一定是凸的。下面我们可以用一个例子来说明。

图 2-4 所示是由一对 O-D: $q=8$、3 个节点和 4 个路段构成的简单网络，表 2-2 所列是网络的路段参数，表 2-3 所列是网络的路径情况。

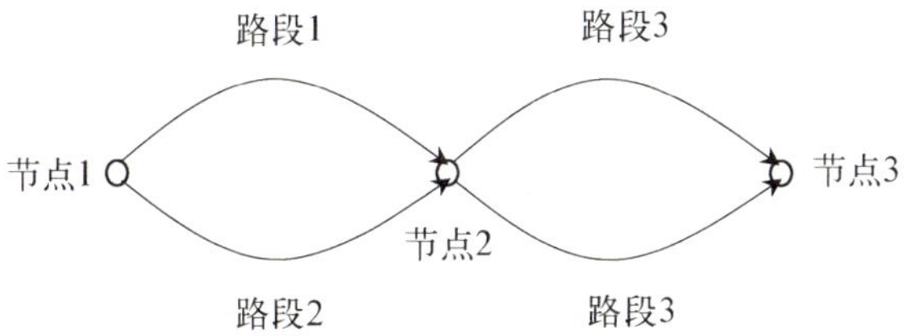

图 2-4　网络图

表 2-2　路段参数表

路段编号	路段流量	路阻函数
1	x_1	$t_1 = 1 + x_1$
2	x_2	$t_2 = 1 + x_2$
3	x_3	$t_3 = 2 + x_3$
4	x_4	$t_4 = 1 + x_4$

表 2-3　路径参数表

路径编号	路段组成	路径流量	路径阻抗
1	1，3	f_1	$3 + x_1 + x_3$
2	1，4	f_2	$2 + x_1 + x_4$
3	2，3	f_3	$3 + x_1 + x_3$
4	2，4	f_4	$2 + x_2 + x_4$

已知 O-D 对：$q = 8$，我们可以很容易的求出平衡状况下的弧流量为：$x_1 = 4$，$x_2 = 4$，$x_3 = 5$，$x_4 = 3$，这一解是唯一的。但对于路径流量而言，却可能有不同的情况，如表 2-4 所列。

表 2-4　可能路径流量组合

可能组合编号	路径 1 流量	路径 2 流量	路径 3 流量	路径 4 流量
1	1	3	4	0
2	2	2	3	1
3	3	1	2	2
4	4	0	1	3

也就是说，图 2－4 所示的网络虽然只有一个平衡的弧流量分布结果，却有多种可能的平衡路径流量分布结果。这一例子说明，UE 规划即式(2－6)对于弧流量是严格凸的，但相对于路径流量不一定是严格凸的。

2.2.4 系统最优与用户平衡

在用户平衡状态下，每个司机只从自身利益出发去寻找最小阻抗的路径，经过系统内部的不断调整，最后达到一个平衡状态。而系统最优状态(System Optimization)则是假设所有司机接受统一的调度，大家都以使系统的总阻抗达到最小为共同目的。系统最优问题可以表示成如下的数学规划问题：

$$\min \bar{Z}(x)=\sum_a x_a t_a(x) \tag{2-21a}$$

s. t.

$$\sum_k f_k^{rs}=q_{rs} \quad \forall r, s \tag{2-21b}$$

$$f_k^{rs}\geqslant 0 \quad \forall k, r, s \tag{2-21c}$$

$$x_a=\sum_r\sum_s\sum_k f_k^{rs}\delta_{a,k}^{rs} \quad \forall a \tag{2-21d}$$

式(2－21)被称为系统最优规划公式，简称为 SO 规划。通常情况下，同一网络系统中，系统最优规划的解不是用户平衡规划的解。

令与式(2－21b)相对应的 Lagrange 算子为 $\bar{\mu}_{rs}$，则式(2－21)的 Lagrange 函数可以写成为

$$\bar{L}(f, \bar{\mu})=\bar{Z}[x(f)]+\sum_{rs}\bar{\mu}_{rs}\left(q_{rs}-\sum_k f_k^{rs}\right) \tag{2-22}$$

根据 K－K－T 条件，我们可以写出 SO 规划模型式(2－21)的一阶必要条件：

$$f_k^{rs}\frac{\partial \bar{L}(f, \bar{\mu})}{\partial f_k^{rs}}=0 \quad \forall k, r, s \tag{2-23a}$$

$$\frac{\partial \bar{L}(f,\bar{\mu})}{\partial f_k^{rs}} \geqslant 0 \qquad \forall k, r, s \tag{2-23b}$$

$$\frac{\partial L(\bar{f},\bar{\mu})}{\partial \mu_{rs}} = 0 \qquad \forall r, s \tag{2-23c}$$

$$f_k^{rs} \geqslant 0 \qquad \forall k, r, s \tag{2-23d}$$

记 $\bar{t}_a(x_a) = t_a(x_a) + x_a \dfrac{\mathrm{d}t_a(x_a)}{\mathrm{d}x_a}$，$\bar{c}_k^{rs} = \sum\limits_a \delta_{a,k}^{rs} \bar{t}_a(x_a)$，我们可以采用与 UE 一阶条件推导类似的方法，从式(2-23)中推导出

$$f_k^{rs}(\bar{c}_k^{rs} - \bar{\mu}_{rs}) = 0 \qquad \forall k, r, s \tag{2-24a}$$

$$\bar{c}_k^{rs} - \bar{\mu}_{rs} \geqslant 0 \qquad \forall k, r, s \tag{2-24b}$$

$$\sum_k f_k^{rs} = q_{rs} \qquad \forall r, s \tag{2-24c}$$

$$f_k^{rs} \geqslant 0 \qquad \forall k, r, s \tag{2-24d}$$

OS 规划的一阶条件式(2-24)与 UE 规划的一阶条件式(2-17)在形式上是类似的，但本质上有很大的区别。对于 OS 规划的一阶条件而言，$\bar{t}_a(x_a)$ 是由两个部分组成的：$t_a(x_a)$ 是当弧上的流量为 x_a 时，新增的一个出行单位驶经该弧时遇到的阻抗；$x_a \dfrac{\mathrm{d}t_a(x_a)}{\mathrm{d}x_a}$ 则是新增一个出行单位使该弧现有的流量 x_a 需要承担的额外阻抗。因而，$\bar{t}_a(x_a)$ 又被称为弧 a 对网络总阻抗的边际贡献，即 $\bar{t}_a(x_a) = \dfrac{\partial}{\partial x_a} \sum\limits_b x_b t_b(x_b) = \dfrac{\partial \bar{Z}(x)}{\partial x_a}$。同样，我们也把 $\bar{c}_k^{rs}$ 称为连接 O-D 对子 $r-s$ 的路径 k 对网络总阻抗的边际贡献。

式(2-24)表明，在 OS 规划式(2-21)的驻点上，路径可以分为两类：一类是有流量的路径，其路径阻抗的边际值总是相等的；另一类是没有流量的路径，其路径阻抗的边际值总是大于或等于有流量的路径的阻抗边际值的。

可以证明，$\nabla^2 \bar{Z}(x)$ 是正定的矩阵，这就是说，$\bar{Z}(x)$ 对于 x 是严格凸的函数，故 OS 规划式(2-21)有唯一的最优解。

需要指出的是，当网络略去拥挤效应时，即 $t_a(x_a) = t'_a$，t'_a 是常数时，UE 规划和 SO 规划是相同的。这时，SO 规划的目标函数变成

$$\bar{Z}(x) = \sum_a x_a t'_a \tag{2-25}$$

而 UE 规划的目标函数是

$$Z(x) = \sum_a \int_0^{x_a} t'_a \mathrm{d}x = \sum_a x_a t'_a \tag{2-26}$$

由此可知在略去交通拥阻效应后，UE 规划等同于 SO 规划。

2.2.5 Braess 诡异[5]

在用户平衡状态下，司机独立行动，只关心寻找有利于自己的路径，总是选择 O-D 对子之间的最小阻抗的路径，通常用户平衡点并不是系统最优点。而 UE 规划和 SO 规划的差异会导致一些诡异现象的发生，最著名的诡异现象就是 Braess 诡异。所谓 Braess 诡异现象，是指增加网络系统的路段数量，在用户平衡状态下，系统的总阻抗反而增加，而不是预想中的减少。下面将举例说明。

图 2-5(a)中有一个 O-D 对子，$q = 6$，各路段的路阻函数如表 2-5 所列。从 O 到 D 的路径有两条，其流量分别是 f_1 和 f_2。

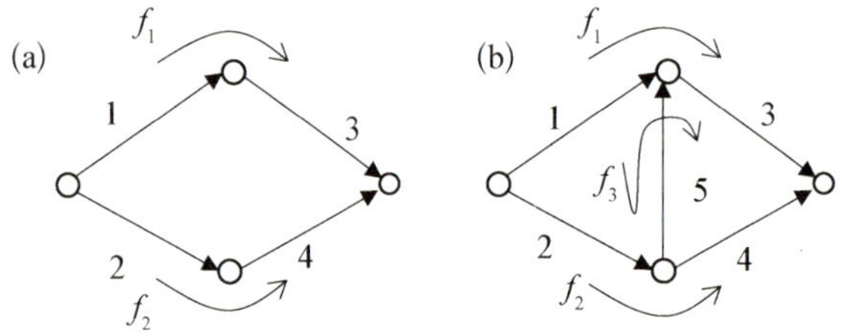

图 2-5 Braess 诡异现象

表 2-5　路段参数表

路段编号	路段流量	路阻函数
1	x_1	$t_1 = 50 + x_1$
2	x_2	$t_2 = 50 + x_2$
3	x_3	$t_3 = 10x_3$
4	x_4	$t_4 = 10x_4$
5	x_5	$t_5 = 10 + x_5$

由网络的对称性可知，UE 解显示是 $x_1 = x_2 = x_3 = x_4 = 3$，$f_1 = f_2 = 3$，弧的阻抗是 $\{t_1 = 53, t_2 = 53, t_3 = 53, t_4 = 53\}$，路径抗阻是 $\{c_1 = 83, c_2 = 83\}$，网络的总阻抗为 498(流量×时间)。

现在为了减少交通拥挤，达到降低总阻抗的目的，决定增加一条路段，如图 2-5(b)所示。显然，从 O 到 D 的路径也增加了一条，其流量为 f_3。这个新网络的用户平衡解为 $\{x_1 = 2, x_2 = 2, x_3 = 4, x_4 = 4, x_5 = 2\}$，$f_1 = f_2 = f_3 = 2$，路径阻抗为 $c_1 = c_2 = c_3 = 92$，而网络的总阻抗变为 522(流量×时间)。

由于 $552 > 498$，在网络的固定设施容量增加后，网络的拥挤程度并没有像预期的那样减少，反而是增加了。可行路径的阻抗也由原来的 83 上升到 92。这种诡异现象产生的原因就在于网络处于用户平衡状态，司机只从单方面着想，选择对自己而言阻抗最小的路径，而不去考虑自己的决定将对网络的总阻抗产生什么影响。这样就使得用户平衡状态下网络的总阻抗反而增加了。

假如所有的司机都服从统一调度，而使整个系统达到最优状态，就不会产生上述的诡异现象。事实上，图 2-5(a)所示的 SO 解的总阻抗是 498，增加了一条路段后，从系统最优的角度出发，司机不会选择弧 5，故总阻抗仍是 498。

Braess 诡异现象说明，增加或扩建道路不一定就能改善交通拥挤状况。相反,有时采取某些限制措施而使部分车辆不能进入一些区域,或是故意让司机走一些表面上不经济的道路,整个路网的交通拥挤程度反而能够减少,这就是考虑了系统最优原则。

2.3 求解离散平衡分配模型

在建立了平衡配流模型以后,下一步的问题就是如何求解平衡配流模型。对于 Beckmann 的平衡配流模型式(2-6)而言,可行的求解方法很多:包括容限配流法、比例配流法、全无全有配流法等。本节主要讨论的是 Sheffi 提出的改进 Frank-Wolfe 算法(1985)[3],这种方法用到了一维极小、可行方向、凸组合和收敛等概念,适合于寻找平衡配流模型的最优解。

2.3.1 Frank-Wolfe 算法

Frank-Wolfe 算法是 Frank 和 Wolfe 在 1956 年提出的求解线性约束的凸规划问题的一种算法。这一算法属于可行方向法的一种。可行方向法的基本策略是:迭代从某一可行点出发,沿着令目标函数下降的方向进行搜索,求出新的可行点。算法的主要步骤是选择搜索方向和确定沿此方向移动的步长。搜索方向的选择方式不同就形成了不同的可行方向法。

考虑非线性规划问题:

$$\begin{aligned} &\min f(x) \\ &\text{s.t. } AX = b \\ &\qquad X \geqslant 0 \end{aligned} \tag{2-27}$$

式中,A 是 $m \times n$ 矩阵,秩为 m, b 是 m 维列向量, $f(x)$ 是连续可微函数。可行域记为 $D = \{X, AX = b, X \geqslant 0\}$。

Frank - Wolfe 算法的基本思想是，在每次迭代中，将目标函数 $f(x)$ 线性化，通过求解线性规划求得下降的可行方向，进而沿此方向在可行的区域内做一维搜索。其具体的做法是，首先，设已知某可行点 X^k，采用一阶的 Taylor 多项式

$$\begin{aligned} & f(X^k)+\nabla f(X^k)(X-X^k) \\ = & \nabla f(X^k)^T X+\left[f(X^k)-\nabla f(X^k)^T X^k\right] \end{aligned} \tag{2-28}$$

将 $f(x)$ 在 X^k 处展开，去逼近 $f(x)$。

这时，求解线性规划问题：

$$\begin{aligned} & \min \nabla f(X^k)^T X+\left[f(X^k)-\nabla f(X^k)^T X^k\right] \\ & \text{s.t.} \quad X \in D \end{aligned} \tag{2-29}$$

去掉上面目标函数的常数项，问题就改写成

$$\begin{aligned} & \min \nabla f(X^k)^T X \\ & \text{s.t.} \quad X \in D \end{aligned} \tag{2-30}$$

假设线性问题式(2 - 30)存在有限最优解 Y^k，由线性规划的基本性质可以知道，这个最优解可在某个极点达到。

求解线性规划的结果必为下面两种情况之一：

(1) 如果 $\nabla f(X^k)^T(Y^k-X^k)=0$，则停止迭代，可以证明，此时的 X^k 就是原问题的驻点。

(2) 如果 $\nabla f(X^k)^T(Y^k-X^k)\neq 0$，则必有 $\nabla f(X^k)^T(Y^k-X^k)<0$，因此，$Y^k-X^k$ 为 X^k 处的下降方向，而且是可行的下降方向。

从 X^k 出发，沿下降方向作一维搜索：

$$\begin{aligned} & \min f(X^k+\lambda(Y^k-X^k)) \\ & \text{s.t.} \quad 0 \leqslant \lambda \leqslant 1 \end{aligned} \tag{2-31}$$

求得 λ_k，令

$$X^{k+1} = X^k + \lambda_k (Y^k - X^k) \tag{2-32}$$

由于 $Y^k - X^k \neq 0$，且为下降方向，因此有

$$f(X^{k+1}) < f(X^k) \tag{2-33}$$

得到 X^{k+1} 后，再重复以上的过程。

我们注意到平衡配流模型式(2-6)是一个非线性的凸规划问题，它的目标函数是严格凸的，约束条件是线性的；它的解的唯一性也得到证明，表明模型有对应于用户平衡条件的唯一解。Frank-Wolfe 算法是求解这类问题的有效算法，它由两个重要的部分构成：一是在每步迭代中确定搜索方向，二是确定每步迭代的搜索步长。

2.3.2 应用 Frank-Wolfe 算法求解平衡配流模型

本节将讨论如何利用 Frank-Wolfe 算法求解平衡配流模型式(2-6)的最优解。根据 Frank-Wolfe 算法求解凸规划问题的一般步骤，迭代次数为 n 时，令目标函数值下降的搜索方向应由解如下的线性规划问题得到：

$$\min Z^n(y) = \nabla Z(x^n) \cdot y^T = \sum_a \frac{\partial Z(x^n)}{\partial x_a} y_a \tag{2-34a}$$

$$\text{s.t.} \quad \sum_k g_k^{rs} = q_{rs} \qquad \forall\, r,\, s \tag{2-34b}$$

$$g_k^{rs} \geqslant 0 \qquad \forall\, k,\, r,\, s \tag{2-34c}$$

$$y_a = \sum_{rs} \sum_k g_k^{rs} \delta_{a,k}^{rs} \qquad \forall\, a \tag{2-34d}$$

式中，g_k^{rs} 是可行路径的路径流量；y_a 是可行路径上的弧段流量。

由于 $\partial Z(x^n)/\partial x_a = t_a^n = t_a(x_a^n)$，式(2-34a)就变为

$$\min Z^n(y) = \sum_a t_a^n y_a \qquad (2-35)$$

从式(2－35)我们可以发现，线性规划式(2－34)实际上是一个当弧阻抗固定为 t_a^n 时，求网络的总阻抗最小的问题。显然，只需要将每个 O－D 对子的流量全部安排到连接这一个 O－D 对子的最短路径上，就能令网络的总阻抗最小。这样的配流方法实际上就是交通分配中常用的"全有全无"配流方法。

为了确认式(2－34)只有一个"全有全无"的解，下面将以路径流量为变量来讨论方向搜索的问题。对于式(2－34)，有

$$\min Z^n(g) = \nabla Z(x(f^n)) \cdot g^T = \sum_{rs}\sum_k c_k^{rs} g_k^{rs} \qquad (2-36a)$$

$$\text{s.t.} \quad \sum_k g_k^{rs} = q_{rs} \qquad \forall\, r,\, s \qquad (2-36b)$$

$$g_k^{rs} \geqslant 0 \qquad \forall\, k,\, r,\, s \qquad (2-36c)$$

式中，c_k^{rs} 是在第 n 次迭代时(路径流量为 f^n 时)，连接 r 和 s 的第 k 条路径的阻抗值。考察式(2－36)我们可以发现，式(2－36)可以分解成许多小型极值问题，每一个 O－D 对子对应一个小型极值问题，如 $r-s$ 对子，有

$$\min Z^n(g^{rs}) = \sum_k c_k^{rs} g_k^{rs} \qquad (2-37a)$$

$$\text{s.t.} \quad \sum_k g_k^{rs} = q_{rs} \qquad (2-37b)$$

$$g_k^{rs} \geqslant 0 \qquad \forall\, k \qquad (2-37c)$$

式(2－37)是针对某特定 $O\text{-}D$ 对子 $r-s$ 的，这一问题很容易求解，只需要将 q_{rs} 全部安排到最小阻抗的路径上，即

$$\begin{cases} g_m^{rs} = q_{rs}, & \text{如果} \quad c_m^{rs^n} < c_k^{rs^n} \quad \forall\, k \\ g_k^{rs} = 0, & \text{否则} \end{cases} \qquad (2-38)$$

当有多条最小阻抗的路径时，可任意取一条作为加载路径。

由关联因子，可以计算弧流量：

$$y_a^n = \sum_{rs} \sum_k g_k^{rs} \delta_{a,k}^{rs} \qquad \forall\, a \tag{2-39}$$

和搜索方向：

$$d^n = y^n - x^n \tag{2-40}$$

Frank - Wolfe 算法的另一项内容是确定迭代步长。迭代步长可以解下列的一维极小值问题得到：

$$\min Z[x^n + \alpha(y^n - x^n)] \tag{2-41a}$$

$$\text{s.t.} \quad 0 \leqslant \alpha \leqslant 1 \tag{2-41b}$$

对于极值问题式(2 - 41)，二分法是较为有效的一种求解方法，因为目标函数式(2 - 41a)对 α 的导数易于计算，即

$$\frac{\partial}{\partial \alpha} Z[x^n + \alpha(y^n - x^n)] = \sum_a (y_a^n - x_a^n) t_a [x_a^n + \alpha(y_a^n - x_a^n)] \tag{2-42}$$

当前后两次迭代的目标函数值变化率小于某预定小数时，Frank - Wolfe 算法即停止运算。在实际运用中，常用下面的式子来衡量收敛程度：

$$\frac{\sqrt{\sum_a (x_a^{n+1} - x_a^n)^2}}{\sum_a x_a^n} \leqslant \varepsilon \tag{2-43}$$

Frank - Wolfe 算法可以总结为以下步骤：

(1) 初始化。令 $t_a^n = t_a(0)$，$\forall\, a$，用"全有全无"法将 O - D 矩阵加载上网，得到弧段的流量 $\{x_a^1\}$。置迭代次数 $n = 1$。

(2) 计算 $t_a^n = t_a(x_a^n)$，$\forall\, a$。

(3) 寻找可行的方向。根据 $\{t_a^n\}$，用"全有全无"法将 O - D 矩阵加载

上网，得到弧段的流量 $\{y_a^n\}$。

(4) 计算迭代步长。解一维极小问题：

$$\min \sum_a \int_0^{x_a^n+\alpha\left(y_a^n-x_a^n\right)} t_a(w) \tag{2-44}$$

令其解为 α_n。

(5) 置 $x_a^{n+1}=x_a^n+\alpha(y_a^n-x_a^n)$，$\forall a$。

(6) 如果满足收敛性准则，则停止迭代过程；否则，令 $n=n+1$，转第二步。

Frank - Wolfe 算法由于只使用弧变量，不用储存路径变量，因而使计算时所需要的计算机内存大大节约。与其他算法相比，Frank - Wolfe 算法的收敛性也好得多。现在，Frank - Wolfe 算法已经成为求解平衡配流问题的标准算法。

2.4 本 章 小 结

本章讨论了如何将交通平衡配流问题转换成数学规划问题式(2 - 6)，并利用 K - K - T 条件证明了数学规划问题式(2 - 6)的一阶驻点条件就是用户平衡条件，表明式(2 - 6)的解等价于 UE 问题的解。数学规划问题式(2 - 6)对弧流量是严格的凸规划问题，有唯一的解存在。需要注意的是用户平衡(UE)问题的解并不一定是系统最优(OS)的解，Braess 诡异现象的出现就是这一原因。数学规划模型式(2 - 6)的求解方法很多，本章讨论了经典的 Frank - Wolfe 算法，该算法良好的收敛性使其成为当前求解平衡配流问题最为常用的标准算法。

参考文献

[1] Wardrop J G. Some theoretical aspects of road traffic research[C]// Proc.

Inst. Of Civil Engrs. Part II, 1952.

[2] Bechmann M, Mcguire C B, Winsten C B. Studies in the Economics of Transportation[M]. Yale University Press, 1956.

[3] Sheffi Yosef. Urban transportation network: equilibrium analysis with mathematical programming methods[J]. Transportation Research Part A General, 1986, 20(1): 76 - 77.

[4] Bureau of Public Road, Traffic Assignment Manual[R]. U. S. Department of commerce, Urban Planning Division, Washington D. C, 1964.

[5] Dietrich Braess, Über ein Paradoxon aus der Verkehrsplanung [R]. Unternehmensforschung 12, 258 - 268, 1969.

[6] Yang H, Bell M G H. Models and algorithms for road network design: a review and some new developments[J]. Transport Reviews, 1998, 18: 257 - 278.

[7] Yang H. Sensitivity Analysis for the Elastic-Demand Network Equilibrium Problem with Applications[J]. Transportation Research Part B Vol. 31 No. 1: 55 - 70, 199.

[8] Boyce D E. A framework for constructing network equilibrium models of urban location[J]. Transportation Science 14, 1980.

[9] Zhang Jian. Traffic Assignment Models with Multiple User Classes[D]. University of Pennsylvania, 1994.

[10] Tobin R L, Friesz T L. Sensitivity analysis for equilibrium network flows [J]. Transportation Science 22, 1988: 242 - 250.

[11] 黄海军. 城市交通网络平衡分析理论与实践[M]. 北京: 人民交通出版社,1994.

[12] 陆化普,等. 交通规划理论与方法[M]. 北京: 清华大学出版社,1998.

第3章

连续型交通分配模型

在过去的几十年中，交通工程学科研究者在平衡分配模型的研究方面做了大量的工作，尝试了多种形式的模型，并提出了相应的解算方法。其中，连续型交通分配模型是近些年来的一个研究热点。连续型模型将整个交通网络视为一个连续体，假设交通网络的属性改变是微小的、逐步过渡的，其数学模型可以用光滑的数学函数来表示。连续模型通常只需要少量的路网特征参数，其计算的效率高，计算的结果直观。与离散型模型相比，连续型模型更适合于较大范围内全局性的交通规划。

3.1 单一吸引点的连续型模型

3.1.1 模型假设

单一吸引点的连续型模型是最简单的连续模型形式。在单一吸引点的连续型交通分配模型中，广布的城市交通网络被抽象为二维平面体系，如图3-1所示。这样的城市交通网络中，有一个交通吸引点——城市中心和与城市中心相连通的广布的道路网。这里将城市区域记为Ω，密集的城市中心记为O，城市的外边界记为Γ，城市中心的边界记为Γ_c。在这

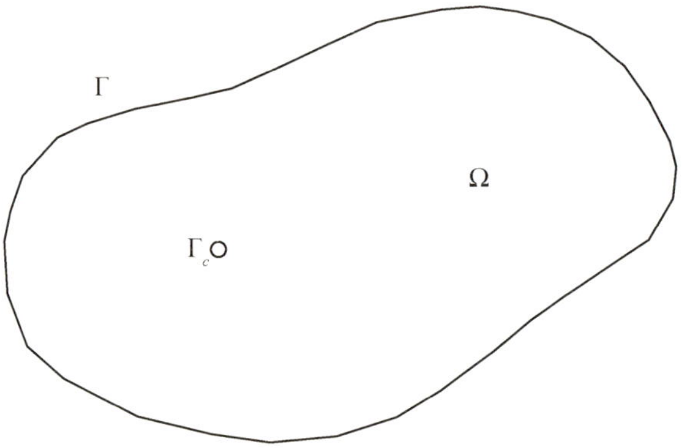

图 3-1　单一吸引点的城市交通体系

样的体系中，相关的函数都是连续函数，其定义与离散体系中的定义有所差别。为了便于讨论，下面将对连续型交通网络的特征和相关函数做一说明。

1. 交通需求函数

连续型交通分配模型的一个重要特征是不采用 OD 矩阵，而使用交通需求函数来确定交通出行量。对离散型网络而言，OD 矩阵的确定是将区域产生的流量分布到网络节点上，而对于连续型城市交通体系，则可以直接利用区域内每一点的交通需求量来表示交通流量的产生。

交通需求函数有多种形式，固定交通需求函数是最常见的一种。所谓固定交通需求，是指交通需求的产生量仅与产生点的位置有关，而与其他因素无关。而实际中的交通需求会随一些影响因素的变化而变动，弹性交通需求函数就是反映这种情况的一种交通需求函数。所谓弹性交通需求就是指交通需求的产生量随出行路阻的变化而变化。从城市区域 Ω 中的任意点 (x, y) 到城市中心 O 的弹性交通需求函数可表示为[1]

$$q(x, y) = D(x, y, u(x, y)) \tag{3-1}$$

式中：$u(x, y)$——从区域 Ω 中任意点 (x, y) 到城市中心 O 的出行路阻势能；

$q(x, y)$ ——从区域 Ω 中任意点 (x, y) 到城市中心 O 的弹性交通需求量。

弹性需求函数 $D(\cdot)$ 是一个单调递减的函数，它反映了出行总费用和出行需求之间的弹性关系。弹性需求函数 $D(\cdot)$ 的反函数是存在的，可以表示为 $W = D^{-1}$，即

$$u(x, y) = W(x, y, q(x, y)) \tag{3-2}$$

需要注意的是，如果需求函数不是弹性的，即交通需求的产生与出行的路阻无关，就可表示为固定交通需求函数 $q(x, y) = D(x, y)$，而固定需求函数 $D(\cdot)$ 也没有反函数存在了。

2. 交通流函数

城市区域 Ω 中的交通流量也被视为连续分布的，各点 (x, y) 的交通流用向量来表示，记作 $f(x, y) = (f_x(x, y), f_y(x, y))$，这里的 $f_x(x, y)$，$f_y(x, y)$ 分别表示交通流向量 $\mathbf{f}(x, y)$ 在 x 方向和 y 方向上的分量。交通流向量的方向代表了该点交通流的移动方向，而交通流向量的模代表了流经该点交通流的量，即该点交通流的密度，可以表示为

$$|\mathbf{f}(x, y)| = \sqrt{f_x(x, y)^2 + f_y(x, y)^2} \tag{3-3}$$

交通流的密度越大，表示该点的交通拥挤程度越高，反之亦然。

3. 路阻函数

影响交通出行阻抗的因素很多，如出行时间、安全、舒适程度等，但最主要的影响因素还是出行时间，其他的因素常常也转化为对出行时间的影响来考虑。在连续的城市区域 Ω 中，出行的阻抗(时间)主要与路经各点的交通流密度和道路网状况有关，而与交通流的方向无关。出行路阻可以表示为当地的总交通流量密度和道路网参数的函数[2]，我们以下面的式子作为连续体系中的区域路阻函数：

$$c(x, y, \mathbf{f}) = a(x, y) + b(x, y)\,|\mathbf{f}(x, y)|^{\gamma(x, y)} \tag{3-4}$$

式中的 $a(x, y)$、$b(x, y)$ 是严格的正梯度函数，代表了当地的路网状

况，需要通过调查进行标定。而 $\gamma(x, y)$ 则反映了交通路阻相对于交通流密度的敏感程度，当 $\gamma(x, y)=1$ 时，式(3-4)就简化为线性关系。

4. 流量守恒原理

在连续区域 Ω 中，交通流和交通需求必须满足流量守恒原理[2]。根据流体力学中的连续流公式 $\nabla v = q(x)$，我们可以得到城市区域 Ω 中交通流和交通需求的流量守恒公式：

$$\nabla \mathbf{f}(x, y) + q(x, y) = 0, \ (x, y) \in \Omega \tag{3-5}$$

式中，$\nabla \mathbf{f}(x, y)$ 为交通流向量的梯度函数，$\nabla \mathbf{f}(x, y)$ 的计算式如下：

$$\nabla \mathbf{f}(x, y) = \frac{\partial f_x}{\partial x} + \frac{\partial f_y}{\partial y} \tag{3-6}$$

同时，为了简化问题，这里假设在城市的边缘上并没有交通需求产生和交通流量的流入、流出，即

$$\mathbf{f} \cdot \mathbf{n} = 0, \qquad \text{on} \qquad \Gamma \tag{3-7}$$

式中，$\mathbf{n}$ 为边界 Γ 上的法向向量。

如果需要处理边界上有交通流动的情况，只需要假设 $\mathbf{f} \cdot \mathbf{n} = g(x, y)$，就可将模型扩展为边界上有交通流入(或流出)情况。

3.1.2 单一吸引点的连续型平衡配流模型

根据上述的假设和函数定义，我们可以建立单一吸引点的连续型的交通网络系统的平衡配流问题的数学规划模型：

$$\underset{\mathbf{f}}{\text{Minimize}}\,\theta(\mathbf{f}) = \iint_{\Omega} \left\{ a \mid \mathbf{f} \mid + \frac{b}{\gamma+1} (\mid \mathbf{f} \mid)^{\gamma} - \int_0^q D^{-1}(\xi)\mathrm{d}\xi \mathrm{d}\Omega \right\} \tag{3-8a}$$

$$\text{s.t.} \qquad \nabla \mathbf{f} + q = 0, \qquad (x, y) \in \Omega \tag{3-8b}$$

$$\mathbf{f} \cdot \mathbf{n} = 0, \qquad (x, y) \in \Gamma \tag{3-8c}$$

式中，$\mathbf{n}$ 为边界Γ的法向向量。

式(3－8)本身并没有实际的物理意义，但是模型的一阶等价条件表示了用户平衡和流量守恒等条件。下面将采用变分原理证明式(3－8)满足相应的约束条件。

用户平衡条件证明

交通流量分配问题是用户平衡条件(User Equilibrium Condition)下的系统运量分布问题。所谓用户平衡条件，是指交通系统中的任何用户都不能通过单方面改变其路径而达到降低交通路阻(时间)的作用。在用户平衡条件的状况下，任意被选用的路线都是等效的、路阻(时间)最小的，而那些没有被选用的路线都比选用的路线路阻(时间)大。用户平衡条件是由 Wardrop 在 1952 年提出的，一直以来都作为交通流量分配所要满足的基本条件，连续型的平衡配流模型也不例外。

这里采用变分原理(Variational Principle)来证明式(3－8)满足用户平衡条件。首先考虑下面的 Lagrange 辅助函数：

$$\Pi = \iint_{\Omega}\left\{a \mid \mathbf{f} \mid + \frac{b}{\gamma+1} \mid \mathbf{f} \mid^{\gamma} - \int_{0}^{q} D^{-1}(\xi)d\xi + u(\nabla \mathbf{f} + q)\right\}\mathrm{d}\Omega + \int_{\Gamma}\omega(\mathbf{f}\cdot\mathbf{n})\mathrm{d}\Gamma \tag{3-9}$$

式中，u，ω 为 Lagrange 乘子。

对 Lagrange 辅助函数式(3－9)应用变分原理可得

$$\delta\Pi = \iint_{\Omega}\left\{a\frac{1}{\mid \mathbf{f} \mid}\mathbf{f}\delta\mathbf{f} + b \mid \mathbf{f} \mid^{\gamma-1}\mathbf{f}\delta\mathbf{f} - D^{-1}(q)\delta q + u(\nabla\delta\mathbf{f} + \delta q) + \delta u(\nabla \mathbf{f} + q)\right\}\mathrm{d}\Omega + \int_{\Gamma}\omega(\delta\mathbf{f}\cdot\mathbf{n})\mathrm{d}\Gamma \tag{3-10}$$

由分步积分原理，可以得到

$$\nabla(u\delta\mathbf{f}) = \nabla u\delta f + u\nabla\delta f \tag{3-11}$$

将式(3－11)代入式(3－10)中,可以得到

$$\delta\Pi=\iint_{\Omega}\left\{(a+b\mid\mathbf{f}\mid^{\gamma})\frac{1}{\mid\mathbf{f}\mid}\mathbf{f}\delta f-D^{-1}(q)\delta q-\nabla u\delta\mathbf{f}\right.$$
$$\left.+u\delta q+\delta u(\nabla\mathbf{f}+q)+\delta u(\nabla\mathbf{f}+q)\right\}\mathrm{d}\Omega$$
$$+\int_{\Gamma}\omega(\delta\mathbf{f}\cdot\mathbf{n})\mathrm{d}\Gamma \tag{3-12}$$

再由高斯积分定理(Gauss integral theorem) 推出

$$\iint_{\Omega}\nabla(u\delta\mathbf{f})d\Omega=\int_{\Gamma}u(\delta\mathbf{f}\cdot\mathbf{n})d\Gamma+\int_{\Gamma_c}u(\delta\mathbf{f}\cdot\mathbf{n})\mathrm{d}\Gamma_c \tag{3-13}$$

将式(3－13)代入式(3－12)中,可得

$$\delta\Pi=\iint_{\Omega}\left((a+b\mid\mathbf{f}\mid^{\gamma})\frac{\mathbf{f}}{\mid\mathbf{f}\mid}-\nabla u\right)\delta\mathbf{f}+\iint_{\Omega}\delta q(u-D^{-1}(q))\mathrm{d}\Omega$$
$$+\iint_{\Omega}(\nabla\mathbf{f}+q)\mathrm{d}\Omega+\int_{\Gamma}(u+\omega)\delta\mathbf{f}\cdot\mathbf{n}\mathrm{d}\Gamma$$
$$+\int_{\Gamma}\delta\omega\cdot\mathbf{f}\cdot\mathbf{n}\mathrm{d}\Gamma+\int_{\Gamma_c}u(\delta\mathbf{f}\cdot\mathbf{n})\mathrm{d}_{\Gamma_c} \tag{3-14}$$

由变分形式的 K－K－T 条件知,在数学规划模型式(3－8)的驻点处,$\delta\Pi(x^*)=0$。而 $\delta\mathbf{f}$、δq、δu、$\delta\omega$ 都是任意的函数,且 $\delta\mathbf{f}$ 在边界 Γ 和 Γ_c 上为零。因此,如果 $\delta\Pi(x^*)=0$, 则需要

$$(a+b\mid\mathbf{f}\mid^{\gamma})\frac{\mathbf{f}}{\mid\mathbf{f}\mid}-\nabla u=0,\quad (x,\ y)\in\Omega \tag{3-15}$$

$$u=D^{-1}(q)\quad \text{or}\quad q=D(u),\quad (x,\ y)\in\Omega \tag{3-16}$$

$$\nabla\mathbf{f}+q=0,\quad (x,\ y)\in\Omega \tag{3-17}$$

$$\mathbf{f}=0,\quad (x,\ y)\in\Gamma \tag{3-18}$$

式(3－16)说明了连续区域中的交通需求是弹性的；式(3－17)表明了城市区域中的交通流是满足流量守恒条件的；式(3－18)则表明边界条件是满足流量为零的。而从式（3－15）中，我们可以得到下面的属性：

$$\mathbf{f} \,/\!/\, \nabla u, \qquad \text{whenever } |\mathbf{f}| > 0 \tag{3-19}$$

$$g = a + b|\mathbf{f}|^{\gamma} = |\nabla u| \tag{3-20}$$

式(3－16)表明 Lagrange 乘子 u 代表了连续区域 Ω 中任意一点（x，y）的出行路阻势能值，而它的梯度函数就是区域路阻函数形式，如式(3－20)所示。

利用上述的结果，可以方便地证明数学规划模型式(3－8)是满足用户平衡条件的。在连续交通体系中，从 H 点到城市中心 O，对于任何一条选用的路径 p，我们可以得到其出行阻抗(时间)：

$$\begin{aligned} C_{HO}^{p} &= \int_{p} g\,ds \\ &= \int_{H}^{s} |\nabla u| \\ &= \int_{H}^{s} \nabla u \qquad (\text{等价条件式}(3-19)) \\ &= u(H) - u(O) \end{aligned} \tag{3-21}$$

而在连续体系中，从 H 点到城市中心 O，对于其他那些没有被选择使用的路径 $\tilde{p}$，其出行阻抗(时间)为

$$\begin{aligned} C_{HO}^{\tilde{p}} &= \int_{\tilde{p}} g\,ds \\ &= \int_{H}^{s} |\nabla u| \\ &\geqslant \int_{H}^{s} \nabla u \qquad (\text{等价条件式}(3-19)) \\ &= u(H) - u(O) \end{aligned} \tag{3-22}$$

从上述证明可知，在连续交通体系中，从任意点 H 到城市中心 O，所有被选用路径的路阻(时间)都是相等的，且小于其他没有被选用的路径的路阻(时间)。也就是说，数学规划式(3-8)是满足用户平衡条件的。

3.2　多吸引点的连续型模型

3.2.1　模型假设

在单一吸引点的连续型模型的基础上，发展出了多吸引点的连续型平衡分配模型。同单一吸引点的连续型交通分配模型一样，多吸引点的连续型交通分配模型也将广布的城市交通网络被抽象为二维平面体系，如图3-2所示。这样的城市连续区域 Ω 中，有多个吸引交通的城市中心：O_1，O_2，…，O_m($m=1, 2, \cdots, M$)。多吸引点模型的许多基本假设是与单一吸引点模型类似的，下面将对其中的一些变化加以说明。

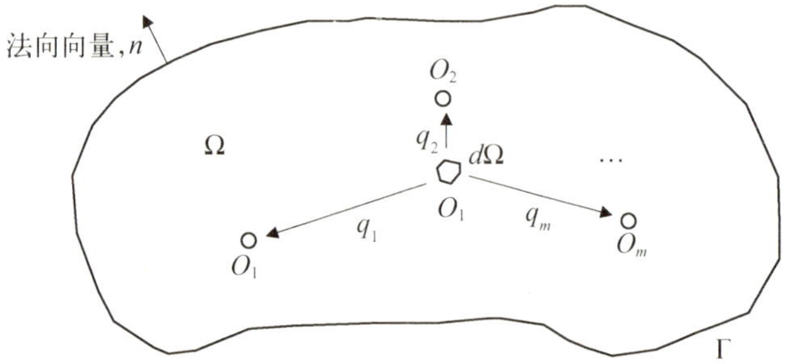

图 3-2　多吸引点的城市交通体系

1. 交通需求函数

交通需求函数表示了从城市区域 Ω 中任意点 (x, y) 产生的到城市中心 O_m 的交通量的情况。当该点产生的到 O_m 的交通量随出行路阻的变化而变化时，这一交通需求函数就是弹性交通需求函数，可表示为

$$q_m(x, y) = D(x, y, u_m(x, y)), m = 1, 2, \cdots, M \qquad (3-23)$$

式中：$u_m(x, y)$——从区域 Ω 中任意点 (x, y) 到城市中心 O_m 的出行路阻势能；$q_m(x, y)$——从区域 Ω 中任意点 (x, y) 到城市中心 O_m 的交通需求量。

2. 交通流函数

在城市区域 Ω 中，f_m 表示出行的目的地是城市中心 O_m 的交通流，它是连续分布的。任意点 (x, y) 的交通流可以用向量来表示，记作 $\mathbf{f}_m(x, y) = (f_{mx}(x, y), f_{my}(x, y))$，这里的 $f_{mx}(x, y)$，$f_{my}(x, y)$ 分别表示交通流向量 $\mathbf{f}_m(x, y)$ 在 x 方向和 y 方向上的分量。交通流向量的方向代表了该点交通流 f_m 的移动方向，而交通流向量的模代表了流经该点交通流 $\mathbf{f}_m$ 的数量，即交通流 f_m 的密度，可以表示为

$$|\mathbf{f}_m(x, y)| = \sqrt{f_{mx}(x, y)^2 + f_{my}(x, y)^2} \qquad (3-24)$$

3. 路阻函数

出行路阻可以表示为当地的总出行流量密度和道路网参数的函数，下面的式子作为城市区域 Ω 中的路阻函数：

$$c(x, y, f) = a(x, y) + b(x, y)\left[\sum_{m=1}^{M} |\mathbf{f}_m(x, y)|\right]^{\gamma(x, y)} \qquad (3-25)$$

4. 流量守恒原理

在城市区域 Ω 中，交通流和交通需求必须满足流量守恒原埋。根据流体力学中的连续流公式 $\nabla v = q(x)$，可以得到城市区域 Ω 中交通流和交通需求的流量守恒公式：

$$\nabla \mathbf{f}_m(x, y) + q_m(x, y) = 0, \qquad m = 1, 2, \cdots, M \qquad (3-26)$$

式中，$\nabla \mathbf{f}_m(x, y)$ 为交通流向量 f_m 的梯度函数：

$$\nabla \mathbf{f}_m(x, y) = \frac{\partial f_{mx}}{\partial x} + \frac{\partial f_{my}}{\partial y}。$$

同时,为了简化问题,同样也假设在城市的边缘上并没有交通需求产生和交通流量的流入、流出,即

$$\mathbf{f}_m \cdot \mathbf{n} = 0, \quad on \quad \Gamma, \quad m = 1, 2, \cdots, M \tag{3-27}$$

3.2.2 多吸引点的连续型平衡配流模型

对于有多个吸引点的城市连续区域,满足流量守恒条件及用户平衡条件(User Equilibrium Condition)的数学规划模型可以表示如下:

$$\underset{\mathbf{f}}{\text{Minimize}}\theta(\mathbf{f}) = \iint_{\Omega} \left\{ a \sum_{m=1}^{M} |\mathbf{f}_m| + \frac{b}{\gamma+1} \left(\sum_{m=1}^{M} |\mathbf{f}_m| \right)^{\gamma+1} - \sum_{m=1}^{M} \int_0^{q_m} D_m^{-1}(\xi) \mathrm{d}\xi \right\} \mathrm{d}\Omega \tag{3-28a}$$

s. t.

$$\nabla \mathbf{f}_m(x, y) + q_m(x, y) = 0, \quad m = 1, 2, \cdots, M, (x, y) \in \Omega \tag{3-28b}$$

$$\mathbf{f}_m \cdot \mathbf{n} = 0, \quad m = 1, 2, \cdots, M \quad \text{on} \quad \Gamma \tag{3-28c}$$

与式(3-8)一样,数学规划模型式(3-28)并没有直接的物理或经济方面的意义,但运用变分原理(Variational Principle),可以推导出模型的一阶等价条件满足用户平衡条件及其他的约束条件。

首先考虑下面的 Lagrange 辅助函数:

$$\Pi = \iint_{\Omega} \left\{ a \sum_{m=1}^{M} |\mathbf{f}_m| + \frac{b}{\gamma+1} \left(\sum_{m=1}^{M} |\mathbf{f}_m| \right)^{\gamma+1} - \sum_{m=1}^{M} \int_0^{q_m} D_m^{-1}(\xi) \mathrm{d}\xi \right.$$
$$\left. + \sum_{m=1}^{M} u_m (\nabla \mathbf{f}_m + q_m) \right\} \mathrm{d}\Omega + \int_{\Gamma} \sum_{m=1}^{M} \omega_m (\mathbf{f}_m \cdot \mathbf{n}) \mathrm{d}\Gamma \tag{3-29}$$

其中,$u_m(x, y)$、$\omega_m(x, y) = [\omega_{mx}(x, y), \omega_{my}(x, y)]$ 是对应于模型约束条件式(3-28b)、式(3-28c)的 Lagrange 乘子。

对 Lagrange 辅助函数式(3-29)应用变分原理,可以得到

$$\delta\Pi=\iint_{\Omega}\Big\{a\sum_{m=1}^{M}\frac{1}{|f_m|}\mathbf{f}_m\delta\mathbf{f}_m+b\Big(\sum_{m=1}^{M}|\mathbf{f}_m|\Big)^{\gamma}\sum_{m=1}^{M}\frac{1}{|\mathbf{f}_m|}\mathbf{f}_m\delta\mathbf{f}_m$$
$$-\sum_{m=1}^{M}D_m^{-1}(q_m)\delta q_m+\sum_{m=1}^{M}u_m(\nabla\delta\mathbf{f}_m+\delta q_m)+\sum_{m=1}^{M}\delta u_m(\nabla\mathbf{f}_m+q_m)\Big\}\mathrm{d}\Omega$$
$$+\int_{\Gamma}\sum_{m=1}^{M}\delta\omega_m(\mathbf{f}_m\cdot\mathbf{n})\mathrm{d}\Gamma+\int_{\Gamma}\sum_{m=1}^{M}\omega_m(\delta\mathbf{f}_m\cdot\mathbf{n})\mathrm{d}\Gamma \tag{3-30}$$

由分步积分公式可以推出

$$\nabla(u_m\delta\mathbf{f}_m)=\nabla u_m\delta\mathbf{f}_m+u_m\nabla\delta\mathbf{f}_m \tag{3-31}$$

再由高斯积分定理(Gauss integral theorem)推得

$$\iint_{\Omega}\nabla(u_m\delta\mathbf{f}_m)\mathrm{d}\Omega=\int_{\Gamma}u_m(\delta\mathbf{f}_m\cdot\mathbf{n})\mathrm{d}\Gamma+\sum_{i=1}^{N}\int_{\Gamma_{cr}}u_m(\delta\mathbf{f}_m\cdot\mathbf{n})\mathrm{d}\Gamma \tag{3-32}$$

由式(3－31)和式(3－32)可得

$$\iint_{\Omega}u_m\nabla\delta\mathbf{f}_m\mathrm{d}\Omega=\iint_{\Omega}\{\nabla(u_m\delta\mathbf{f}_m)-\nabla u_m\delta\mathbf{f}_m\}\mathrm{d}\Omega$$
$$=\int_{\Gamma}u_m(\delta\mathbf{f}_m\cdot\mathbf{n})\mathrm{d}\Gamma+\sum_{i=1}^{N}\int_{\Gamma_{ci}}u_m(\delta\mathbf{f}_m\cdot\mathbf{n})\mathrm{d}\Gamma-\iint_{\Omega}\nabla u_m\delta\mathbf{f}_m\mathrm{d}\Omega \tag{3-33}$$

将式(3－33)代入式(3－30)，整理后得到

$$\delta\Pi=\iint_{\Omega}\Big\{\sum_{m=1}^{M}\Big\{\Big(a+b\Big(\sum_{r=1}^{M}|\mathbf{f}_r|\Big)^{\gamma}\Big)\frac{\mathbf{f}_m}{|\mathbf{f}_m|}-\nabla u_m\Big\}\delta\mathbf{f}_m\mathrm{d}\Omega$$
$$+\iint_{\Omega}\sum_{m=1}^{M}\delta q_m\{u_m-D_m^{-1}(q_m)\}\mathrm{d}\Omega$$
$$+\iint_{\Omega}\sum_{m=1}^{M}\delta u_m(\nabla\mathbf{f}_m+q_m)\mathrm{d}\Omega \tag{3-34}$$
$$+\int_{\Gamma}\sum_{m=1}^{M}\delta\omega_m(\mathbf{f}_m\cdot\mathbf{n})\mathrm{d}\Gamma$$
$$+\int_{\Gamma}\sum_{m=1}^{M}(u_m+\omega_m)(\delta\mathbf{f}_m\cdot\mathbf{n})\mathrm{d}\Gamma$$

$$+\sum_{i=1}^{N}\int_{\Gamma_c}\sum_{m=1}^{M}u_m(\delta\mathbf{f}_m\cdot\mathbf{n})\mathrm{d}\Gamma$$

根据变分原理,可得

$$\delta\mathbf{f}=(\delta\mathbf{f}_1,\ \delta\mathbf{f}_2,\ \cdots,\ \delta\mathbf{f}_m),$$
$$\delta q=(\delta q_1,\ \delta q_2,\ \cdots,\ \delta q_m),$$
$$\delta u=(\delta u_1,\ \delta u_2,\ \cdots,\ \delta u_m),$$
$$\delta\omega=(\delta\omega_1,\ \delta\omega_2,\ \cdots,\ \delta\omega_m).$$

上述为任意形式的函数,且 $\delta\mathbf{f}$ 在边界Γ和Γ_c上为零,即:$\delta\mathbf{f}=0$,$(x,\ y)\in\Gamma$ 或 $(x,\ y)\in\Gamma_{ci}$,$i=1,\ 2,\ \cdots,\ N$。那么,Lagrange 辅助函数的一阶条件则要求

$$\left(a+b\left(\sum_{r=1}^{M}|\mathbf{f}_r|\right)^{\gamma}\right)\frac{\mathbf{f}_m}{|\mathbf{f}_m|}-\nabla u_m=0,\ (x,\ y)\in\Omega,\ m=1,\ 2,\ \cdots,\ M \tag{3-35}$$

$$u_m=D_m^{-1}(q_m)\quad\text{or}\quad q_m=D_m(u_m),\qquad (x,\ y)\in\Omega,\ m=1,\ 2,\ \cdots,\ M \tag{3-36}$$

$$\nabla\mathbf{f}_m+q_m=0\qquad(x,\ y)\in\Omega,\ m=1,\ 2,\ \cdots,\ M \tag{3-37}$$

$$\mathbf{f}_m\cdot\mathbf{n}=0\qquad(x,\ y)\in\Gamma,\ m=1,\ 2,\ \cdots,\ M \tag{3-38}$$

式(3-36)说明了连续区域中的交通需求是弹性的;式(3-37)表明了城市区域中的交通流是满足流量守恒条件的;式(3-38)则表明边界条件是满足流量为零的。而从一阶等价条件(3-35)中,我们可以得到下面的属性:

$$\mathbf{f}_m\ /\!/\ \nabla u_m,\qquad \text{whenever}\ |\mathbf{f}_m|>0 \tag{3-39}$$

$$c=a+b\left(\sum_{r=1}^{M}|\mathbf{f}_r|\right)^{\gamma}=|\nabla u_m| \tag{3-40}$$

式(3-39)中的 $/\!/$ 表示两个向量有相同的方向,式(3-40)表明连续交通系统中任意一点的出行交通费用与道路网络和该点交通流的总的密度有关。

下面将利用等价条件式(3－39)、式(3－40)证明用户平衡条件，进而通过用户平衡条件。在连续型的城市模型体系中，从城市区域 Ω 中的任意点 H 到城市中心 O_m，对于任何一条选用的路径 p，我们可以得到其出行费用为

$$
\begin{aligned}
C^p[H,O_m] &= \int_p c\,ds \\
&= \int_{O_i}^{H} |\nabla u_m| \quad (\text{等价条件式}(3-40)) \qquad (3-41)\\
&= \int_{O_i}^{H} \nabla u_m \quad (\text{等价条件式}(3-29)) \\
&= u_m(H) - u_m(O_m)
\end{aligned}
$$

而其他那些没有被选择使用的路径 $\tilde{p}$，其出行费用为

$$
\begin{aligned}
C^{\tilde{p}}[H,O_m] &= \int_{\tilde{p}} c\,ds \\
&= \int_{O_i}^{H} |\nabla u_m| \quad (\text{等价条件式}(3-40)) \qquad (3-42)\\
&\geqslant \int_{O_i}^{H} \nabla u_m \quad (\text{等价条件式}(3-39)) \\
&= u_m(H) - u_m(O_m)
\end{aligned}
$$

从式(3－41)可知，连续交通体系中从任意点 H 到城市中心 O_m 所有被选用路径的出行阻抗(时间)都是相等的；而从式(3－42)可知，连续交通体系中从任意点 H 到城市中心 O_m 没有被选用路径的出行阻抗(时间)都是大于被选用路径的路阻(时间)的。也就是说，数学规划模型式(3－28)是满足用户平衡条件的。

3.3 有限元算法

对于科学和工程领域的许多问题，人们已经能够找到适当的数学方程

来描述，但是能够使用解析方法求出精确解的却是极少数。对于大多数问题，由于方程的某些非线性性质，或由于求解区域几何形式比较复杂，无法求得解析的答案。为此，多年来，研究者们一直在寻求和发展着另一类的求解途径——数值解法。近几十年来，随着计算机技术的飞速发展，数值分析方法已经成为求解科学和工程技术问题的主要工具。有限元法的出现是数值分析方法研究领域内的重大性突破进展。从应用数学的角度来看，有限元法的萌芽可追溯到 Courant[13]。但是，直到 20 世纪 60 年代电子计算机出现和广泛应用后，有限元法才真正受到人们的重视，并以令人惊讶迅速发展。今天，有限元法已经成为计算力学在 20 世纪最重要最辉煌的一个方面。在实践上，从 20 世纪 50 年代中期飞机薄壁结构分析的初期应用开始，至今已扩展到几乎所有的科学技术领域，推动着科学技术和工程实践的发展。

有限元法的基本思想是将连续的求解区域离散为一组有限个数且按照一定的方式相互联结在一起的单元的组合体。由于离散的单元体能够按照不同的联结方式进行组合，且单元体本身可以有不同的形状，因而可以模型化复杂的求解域。有限元法的另一个重要特点是利用数值分析的方法在每一个单元内假设近似的函数来分片地表示全求解域上的未知场函数。单元内的近似函数通常是由未知场函数或是其导数在单元各个节点上的数值和其插值函数来表达。这样，一个问题的有限元分析中，未知场函数或其导数在单元的各个结点上的数值就成为新的未知量，从而使一个连续的无限未知量问题转变成离散的有限未知量问题。通过求解这些有限的未知量，再利用插值函数就可以计算出各个单元内场函数的近似值，从而得到整个求解域上的近似解。

本章所讨论的连续型交通分配模型式(3-8)和式(3-28)都需要通过适当的数值解算方法来求解。利用有限元法的思想，这里我们采用一种修正的有限元算法来求解连续型交通分配模型的数学规划模型式(3-8)和式

(3－28)。式(3－8)和式(3－28)在形式上是类似的,为了方便单元公式的书写,这里仅以式(3－8)为例,介绍这一数值解法。

3.3.1　单元划分

首先,我们将城市连续区域离散为一系列三角形单元。一般有限元分析中三角形单元划分的步骤如下:

(1) 根据离散区域的外形轮廓,按几何特征划分为若干几何区。

(2) 沿几何区联结方向划分成线,线和线间供单元划分用。布线可等距分布亦可变间距分布(如按等差方式分布),以满足有限元分析不同部位精度的要求。

(3) 在每条线上按要求布点,形成单元。布点同样要求等距或变距离。

(4) 按一定顺序编节点码及单元码并累计形成结点坐标及单元编码坐标。

除了上述一般步骤外,交通分配模型连续区域单元划分时,还有一些特殊的要求,具体如下:

(1) 将吸引点视为半径极小的圆圈,实际划分时,将其处理为八边形。

(2) 几何区划分要与需求产生区域一致。

在划分了三角形单元后,这样就可以将式(3－9)的 Lagrange 函数改写成下面的修正 Lagrange 函数:

$$\Pi = \sum_{i=1}^{N_E}\iint_{\Omega_i}\left\{a\mid \mathbf{f}\mid + \frac{b}{\gamma+1}\mid \mathbf{f}^{\gamma+1} - \int_0^q D^{-1}(\xi)\mathrm{d}\xi + u(\nabla\mathbf{f}+q)\right\}\mathrm{d}\Omega$$
$$+\sum_{i=1}^{N_E}\int_{\partial\Omega_i\cap\Gamma}\omega_\Gamma\mathbf{f}\mathrm{d}\Gamma + \sum_{i=1}^{N_E}\int_{\partial\Omega_i\cap\Gamma_c}\sigma_{\Gamma_c}u\mathrm{d}\Gamma \qquad (3-43)$$

式中: N_E ——城市连续区域划分成的有限元的单元数;

Ω_i ——第 i 个有限单元的区域;

$\partial\Omega_i$ ——第 i 个有限单元的边界;

ω_{Γ}，σ_{Γ_c} —— Γ 和 Γ_c 上相应的 Lagrange 乘子。

根据假设条件式(3-7)可知，在边界Γ上是没有交通流的，因而可以将式(3-43)中的 $\sum_{i=1}^{N_E}\int_{\partial\Omega_i\cap\Gamma}\omega_{\Gamma}\mathbf{f}\mathrm{d}\Gamma$ 项用下面更强的条件代替：

$$\sum_{i=1}^{M_B}(\omega_{xi}f_{xi}+\omega_{yi}f_{yi}) \tag{3-44}$$

式中：M_B ——边界Γ上的有限单元的结点数；

f_{xi}，f_{yi} ——结点 i 上交通流在 x 方向和 y 方向上的分量；

ω_{xi}，ω_{yi} —— f_{xi}，f_{yi} 相应的 Lagrange 乘子。

这样，只要将边界Γ上单元节点的 f_{xi} 和 f_{yi} 赋值为零，即 $f_{xi}=f_{yi}=0$，就可以保证边界上交通流向量为零。

城市中心 O 的边界上的出行阻抗值为 0，因而我们也将式(3-43)中的 $\sum_{i=1}^{N_E}\int_{\partial\Omega_i\cap\Gamma_c}\sigma_{\Gamma_c}u\,\mathrm{d}\Gamma$ 项用下面更强的条件代替：

$$\sum_{i=1}^{M_c}\sigma_i u_i \tag{3-45}$$

式中，σ_i 为城市中心 O 的边界 Γ_c 上相应的 Lagrange 乘子。

这样，只要将城市中心 O 的边界 Γ_c 上单元节点的σ_i 赋值为零，即 $\sigma_i=0$，就可以保证城市中心 O 的边界上的出行阻抗值为 0。

3.3.2 插值函数

这里，我们采用了三角形单元线性插值函数的方法来处理式(3-43)—式(3-45)。交通流向量和出行路阻都可以利用标准的线性三角形单元插值函数[12]，用单元顶点的数值来表示单元内任意点的数值，如图 3-3 和图 3-4 所示。

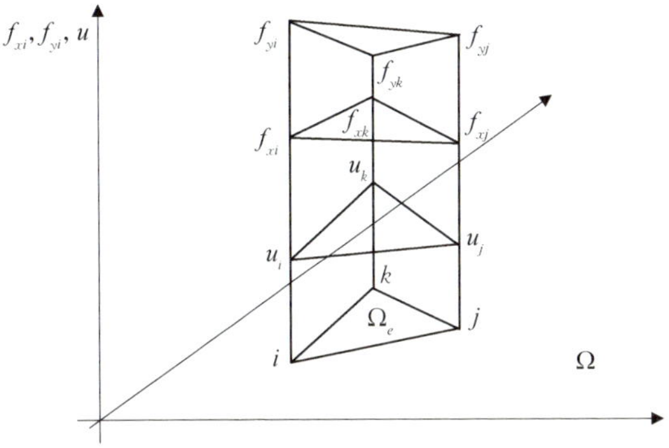

图 3 - 3　交通流向量和出行阻抗的近似插值图

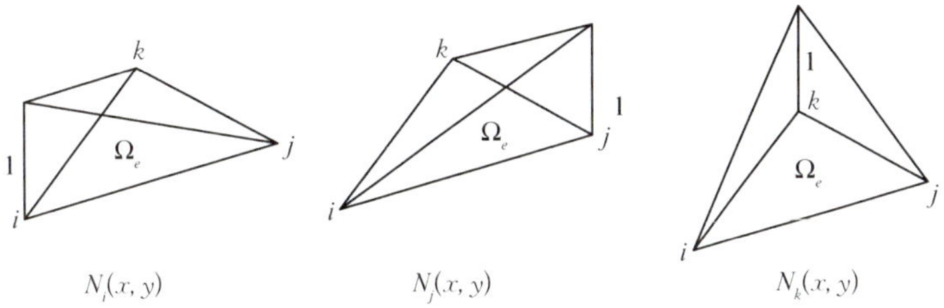

图 3 - 4　线性插值函数

在三角形单元内任意点的交通流向量和出行路阻都可以用下面的式子来近似求得：

$$f_x(x, y) = N_i(x, y)f_{xi} + N_j(x, y)f_{xj} + N_k(x, y)f_{xk} \tag{3-46}$$

$$f_y(x, y) = N_i(x, y)f_{yi} + N_j(x, y)f_{yj} + N_k(x, y)f_{yk} \tag{3-47}$$

$$u(x, y) = N_i(x, y)u_i + N_j(x, y)u_j + N_k(x, y)u_k \tag{3-48}$$

式中：i，j，k ——三角形单元三个顶点的编号；

f_{xi}，f_{yi} ——顶点 i 上的交通流密度在 x 方向和 y 方向上的投影；

u_i ——顶点 i 的路阻值。

其中的线性形函数表示如下：

$$N_i(x, y) = \frac{1}{2\Delta}(\alpha_i + \beta_i + \xi_i)$$

$$N_j(x, y) = \frac{1}{2\Delta}(\alpha_j + \beta_j + \xi_j) \tag{3-49}$$

$$N_k(x, y) = \frac{1}{2\Delta}(\alpha_k + \beta_k + \xi_k)$$

其中

$$\alpha_i = x_j y_k - x_k y_j, \qquad \beta_i = y_j - y_k, \qquad \xi_i = x_k - x_j$$

$$\Delta = \frac{1}{2}(\beta_i \xi_j - \beta_j \xi_i)$$——三角形单元的面积。

式中，(x_i, y_i)，(x_j, y_j)，(x_k, y_k) 为三角形单元三个顶点 i，j，k 的坐标。

由式(3-46)—式(3-49)，我们可以得到交通流向量分量的空间偏分表达式：

$$\frac{\partial f_x}{\partial x} = \frac{1}{2\Delta}(\beta_i f_{xi} + \beta_j f_{xj} + \beta_k f_{xk}) \tag{3-50}$$

$$\frac{\partial f_y}{\partial y} = \frac{1}{2\Delta}(\xi_i f_{yi} + \xi_j f_{yj} + \xi_k f_{yk}) \tag{3-51}$$

本节的插值函数和由此推出的交通流向量空间偏分表达式是进行数值计算的基础。

3.3.3 Newton 迭代算法

利用有限元方法，上述 Lagrange 函数可以用三角形单元节点的参数和离散网络中的路线流量来表示，即

$$\begin{aligned}
&\bar{\Pi}(\Psi), \qquad \text{and} \qquad \Psi = Col(\bar{\mathbf{f}}, \bar{u}, \bar{\omega}, \bar{\sigma}) \\
&\bar{\mathbf{f}} = Col(f_{xi}, f_{yi}, i = 1, 2, \cdots, M_N) \\
&\bar{u} = Col(u_i, i = 1, 2, \cdots, M_N) \\
&\bar{\omega} = Col(\omega_{xi}, \omega_{yi}, i = 1, 2, \cdots, M_B) \\
&\sigma = Col(\sigma_i, i = 1, 2, \cdots, M_c)
\end{aligned} \tag{3-52}$$

式中，M_N 为划分网格的所有节点数。

这里采用 Newton 算法来求解 $\nabla\overline{\Pi}(\Psi)=0$ 问题。假设 Ψ_0 是问题的解，利用 Taylor 级数公式，将 $\overline{\Pi}(\Psi)$ 在 Ψ_0 处展开，得到

$$\overline{\Pi}(\Psi)\cong\overline{\Pi}(\Psi^0)+R^T(\Psi-\Psi^0)+\frac{1}{2}(\Psi-\Psi^0)^T J(\Psi-\Psi^0) \tag{3-53}$$

式中：$R=\nabla\overline{\Pi}(\Psi^0)$ —— Ψ_0 处的残余向量；

$J=\nabla^2\overline{\Pi}(\Psi^0)$ —— Ψ_0 处的 Jacobian 矩阵。

在极值处，$\overline{\Pi}(\Psi)$ 的一阶导数为零，可以得到

$$\nabla\overline{\Pi}(\Psi)=R^T+J(\Psi-\Psi^0)=0 \tag{3-54}$$

变换后，可以得到最优解的迭代式：

$$\Psi=\Psi^0-J^{-1}R \tag{3-55}$$

利用这一迭代公式，可以搜索到最优解。算法的一般步骤总结如下：

(1) 初值赋予 $\Psi^{(0)}$，设迭代次数 $k=1$；

(2) 计算 $R(\Psi^{(k)})$；

(3) 如果 $R(\Psi^{(k)})<\varepsilon$($\varepsilon$ 为可接受的误差值)，则停止迭代，Ψ^k 为所求的解；

(4) 否则，计算 $J(\Psi^{(k)})$，求得更优的解 $\Psi^{(k+1)}=\Psi^{(k)}-J(\Psi^{(k)})^{-1}R(\Psi^{(k)})$；

(5) 用 $\Psi^{(k+1)}$ 代替 $\Psi^{(k)}$，设 $k=k+1$，继续步骤(2)。

3.3.4　残余向量 R_e 和 Jacobian 矩阵 J_e

最优解的迭代式中的 R_e 和 J_e 可以用式(3-43)—式(3-52)求得。由式(3-43)—式(3-52)，我们就可以得到用三角形单元顶点上的参数表示的三角形单元的残余向量 R_e 和 Jacobian 矩阵 J_e：

对于非边界上的任意三角形单元，其残余向量 R_e 可以表示为

$$
\begin{aligned}
R_e &= \nabla \overline{\Pi}_1 \\
&= \left\{ \begin{array}{c}
\dfrac{\partial \overline{\Pi}_1}{\partial f_{xi}} \\
\dfrac{\partial \overline{\Pi}_1}{\partial f_{yi}} \\
\dfrac{\partial \overline{\Pi}_1}{\partial f_{xj}} \\
\dfrac{\partial \overline{\Pi}_1}{\partial f_{yj}} \\
\dfrac{\partial \overline{\Pi}_1}{\partial f_{xk}} \\
\dfrac{\partial \overline{\Pi}_1}{\partial f_{yk}} \\
\dfrac{\partial \overline{\Pi}_1}{\partial u_i} \\
\dfrac{\partial \overline{\Pi}_1}{\partial u_j} \\
\dfrac{\partial \overline{\Pi}_1}{\partial u_k}
\end{array} \right\}
= \left\{ \begin{array}{l}
\iint_{\Omega_e} (a + b \mid \mathbf{f} \mid^{\gamma}) \dfrac{f_x}{\mid \mathbf{f} \mid} N_i \mathrm{d}\Omega + \dfrac{\beta_i}{6}(u_i + u_j + u_k) \\
\iint_{\Omega_e} (a + b \mid \mathbf{f} \mid^{\gamma}) \dfrac{f_y}{\mid \mathbf{f} \mid} N_i \mathrm{d}\Omega + \dfrac{\xi_i}{6}(u_i + u_j + u_k) \\
\iint_{\Omega_e} (a + b \mid \mathbf{f} \mid^{\gamma}) \dfrac{f_x}{\mid \mathbf{f} \mid} N_j \mathrm{d}\Omega + \dfrac{\beta_j}{6}(u_i + u_j + u_k) \\
\iint_{\Omega_e} (a + b \mid \mathbf{f} \mid^{\gamma}) \dfrac{f_y}{\mid \mathbf{f} \mid} N_j \mathrm{d}\Omega + \dfrac{\xi_j}{6}(u_i + u_j + u_k) \\
\iint_{\Omega_e} (a + b \mid \mathbf{f} \mid^{\gamma}) \dfrac{f_x}{\mid \mathbf{f} \mid} N_k \mathrm{d}\Omega + \dfrac{\beta_k}{6}(u_i + u_j + u_k) \\
\iint_{\Omega_e} (a + b \mid \mathbf{f} \mid^{\gamma}) \dfrac{f_y}{\mid \mathbf{f} \mid} N_{ki} \mathrm{d}\Omega + \dfrac{\xi_k}{6}(u_i + u_j + u_k) \\
\dfrac{1}{6}(\beta_i f_{xi} + \beta_j f_{xj} + \beta_k f_{xk} + \xi_i f_{yi} + \xi_j f_{yj} + \xi_k f_{yk}) \\
\quad + \iint_{\Omega_e} D(u) N_i \mathrm{d}\Omega \\
\dfrac{1}{6}(\beta_i f_{xi} + \beta_j f_{xj} + \beta_k f_{xk} + \xi_i f_{yi} + \xi_j f_{yj} + \xi_k f_{yk}) \\
\quad + \iint_{\Omega_e} D(u) N_j \mathrm{d}\Omega \\
\dfrac{1}{6}(\beta_i f_{xi} + \beta_j f_{xj} + \beta_k f_{xk} + \xi_i f_{yi} + \xi_j f_{yj} + \xi_k f_{yk}) \\
\quad + \iint_{\Omega_e} D(u) N_k \mathrm{d}\Omega
\end{array} \right\}
\end{aligned}
\tag{3-56}
$$

其中：

$$
\overline{\Pi}_1 = \iint_{\Omega_e} \left(a \mid \mathbf{f} \mid + \frac{b}{\gamma + 1} \mid \mathbf{f}^{\gamma+1} \mid - \int_0^{D(u)} D^{-1}(\xi) \mathrm{d}\xi + u(\nabla \mathbf{f} + D(u)) \right) \mathrm{d}\Omega
$$

而 Jacobian 矩阵 J_e 则为

$$
J_e=\nabla^2\overline{\Pi}=\begin{bmatrix}
\iint_{\Omega_e}B_{11}N_iN_i\mathrm{d}\Omega & & & & & & & & \\
\iint_{\Omega_e}B_{21}N_iN_i\mathrm{d}\Omega & \iint_{\Omega_e}B_{22}N_iN_i\mathrm{d}\Omega & & & & \text{Sym.} & & & \\
\iint_{\Omega_e}B_{11}N_jN_i\mathrm{d}\Omega & \iint_{\Omega_e}B_{12}N_jN_i\mathrm{d}\Omega & \iint_{\Omega_e}B_{11}N_jN_j\mathrm{d}\Omega & & & & & & \\
\iint_{\Omega_e}B_{21}N_jN_i\mathrm{d}\Omega & \iint_{\Omega_e}B_{22}N_jN_i\mathrm{d}\Omega & \iint_{\Omega_e}B_{21}N_jN_j\mathrm{d}\Omega & \iint_{\Omega_e}B_{22}N_jN_j\mathrm{d}\Omega & & & & & \\
\iint_{\Omega_e}B_{11}N_kN_i\mathrm{d}\Omega & \iint_{\Omega_e}B_{12}N_kN_i\mathrm{d}\Omega & \iint_{\Omega_e}B_{11}N_kN_j\mathrm{d}\Omega & \iint_{\Omega_e}B_{12}N_kN_j\mathrm{d}\Omega & \iint_{\Omega_e}B_{11}N_kN_k\mathrm{d}\Omega & & & & \\
\iint_{\Omega_e}B_{21}N_kN_i\mathrm{d}\Omega & \iint_{\Omega_e}B_{22}N_kN_i\mathrm{d}\Omega & \iint_{\Omega_e}B_{21}N_kN_j\mathrm{d}\Omega & \iint_{\Omega_e}B_{22}N_kN_j\mathrm{d}\Omega & \iint_{\Omega_e}B_{21}N_kN_k\mathrm{d}\Omega & \iint_{\Omega_e}B_{22}N_kN_k\mathrm{d}\Omega & & & \\
\frac{\beta_i}{6} & \frac{\xi_i}{6} & \frac{\beta_j}{6} & \frac{\xi_j}{6} & \frac{\beta_k}{6} & \frac{\xi_k}{6} & \iint_{\Omega_e}D'(u)N_iN_i\mathrm{d}\Omega & & \\
\frac{\beta_i}{6} & \frac{\xi_i}{6} & \frac{\beta_j}{6} & \frac{\xi_j}{6} & \frac{\beta_k}{6} & \frac{\xi_k}{6} & \iint_{\Omega_e}D'(u)N_jN_i\mathrm{d}\Omega & \iint_{\Omega_e}D'(u)N_jN_j\mathrm{d}\Omega & \\
\frac{\beta_i}{6} & \frac{\xi_i}{6} & \frac{\beta_j}{6} & \frac{\xi_j}{6} & \frac{\beta_k}{6} & \frac{\xi_k}{6} & \iint_{\Omega_e}D'(u)N_kN_i\mathrm{d}\Omega & \iint_{\Omega_e}D'(u)N_kN_j\mathrm{d}\Omega & \iint_{\Omega_e}D'(u)N_kN_k\mathrm{d}\Omega
\end{bmatrix}
\tag{3-57}
$$

其中：

$$B_{11}=a\left(\frac{f_y^2}{|\mathbf{f}|^3}\right)+b\left(\frac{\gamma f_x^2+f_y^2}{|\mathbf{f}|^{3-\gamma}}\right)$$

$$B_{12}=B_{21}=-a\left(\frac{f_yf_y}{|\mathbf{f}|^3}\right)+b\left(\frac{(\gamma-1)f_xf_y}{|\mathbf{f}|^{3-\gamma}}\right)$$

$$B_{22}=a\left(\frac{f_x^2}{|\mathbf{f}|^3}\right)+b\left(\frac{\gamma f_y^2+f_x^2}{|\mathbf{f}|^{3-\gamma}}\right)$$

对于边界 Γ 上的节点 i，其残余向量 R_i 可以表示为

$$R_i=\nabla\overline{\Pi}_2=\begin{Bmatrix}\dfrac{\partial\overline{\Pi}_2}{\partial f_{xi}}\\ \dfrac{\partial\overline{\Pi}_2}{\partial f_{yi}}\\ \dfrac{\partial\overline{\Pi}_2}{\partial\omega_{xi}}\\ \dfrac{\partial\overline{\Pi}_2}{\partial\omega_{yi}}\end{Bmatrix}=\begin{Bmatrix}\omega_{xi}\\ \omega_{yi}\\ f_{xi}\\ f_{yi}\end{Bmatrix}\tag{3-58}$$

其中：

$$\overline{\Pi}_2=\omega_{xi}f_{xi}+\omega_{yi}f_{yi}$$

而 Jacobian 矩阵 J_i 则表示为

$$J_i=\nabla^2\overline{\Pi}_2=\begin{bmatrix}0&0&1&0\\0&0&0&1\\1&0&0&0\\0&1&0&0\end{bmatrix}\tag{3-59}$$

对于城市中心 Γ_c 上的节点 i，其残余向量 R_i 可以表示为

$$R_i = \nabla \overline{\Pi}_3 = \begin{Bmatrix} \dfrac{\partial \overline{\Pi}_3}{\partial u_i} \\ \dfrac{\partial \overline{\Pi}_3}{\partial \sigma_i} \end{Bmatrix} = \begin{Bmatrix} \sigma_i \\ u_i \end{Bmatrix} \tag{3-60}$$

其中：

$$\overline{\Pi}_3 = \sigma_i u_i$$

而 Jacobian 矩阵 J_i 则表示为

$$J_i = \nabla^2 \overline{\Pi}_3 = \begin{bmatrix} 0 & 1 \\ 1 & 0 \end{bmatrix} \tag{3-61}$$

3.4 算　　例

这里采用一个两个 CBD(Central Business District，中心商务区)的模拟城市区域的算例来说明模型的有效性。考虑如图 3-5 所示的连续城市区域。利用均匀划分有限元的方法，可以将城市区域划分成一系列的有限元单元，如图 3-6 所示。交通出行需求的变化假设为弹性的，到中心商务区 O_1 和中心商务区 O_2 的出行需求函数可以表示如下：

$$q_1 = 40\exp(-0.5u_1)\ \text{veh/h/km}^2$$

$$q_2 = 60\exp(-0.5u_1)\ \text{veh/h/km}^2$$

其中，u_1 和 u_2 的单位为 h。

城市连续区域中的路阻函数为

$$c = 0.01 + 0.1 \times 10^{-4}(|\mathbf{f}_1| + |\mathbf{f}_2|)$$

其中，c 的单位为 h/km。

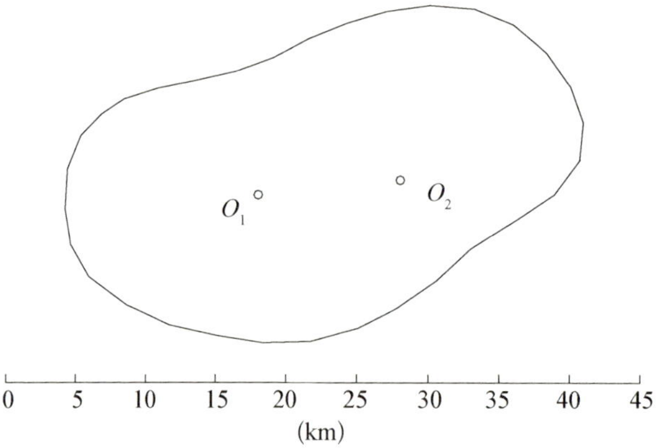

图 3-5　连续城市模型

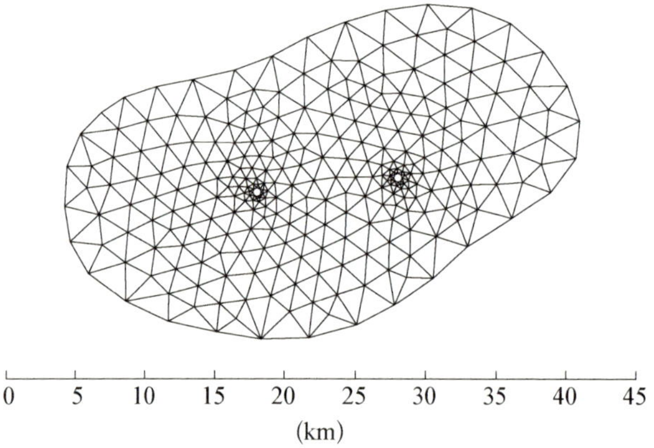

图 3-6　离散后的城市连续区域

算法需要输入一个初始的解，这一初始解可以是任意的，这里选用单位向量{1}作为初始解代入计算，也就是将所有结点变量都设为 1；Newton 迭代算法中的可接受误差设为 10^{-3}。这里需要指出的是由于采用了 Newton 迭代算法，初始解的选择对于是否有收敛的计算结果有一定影响的。以单位向量作为初始解只是一个简单的处理办法，并不能保证算法的收敛性。Dow[14]在求解离散型交通分配模型中发现，如果在求解时使用较好的解作为初始解，算法的收敛速度会明显提高。在我们的计算算例中发现了类似的结论。

根据本书3.3介绍的算法，利用FORTRAN77计算语言，以Power Station 4.0为编译平台，编制了相应的计算程序。在确定了初始解和可接受误差后，可以计算得到模型的最优解。图3-7和图3-8是利用计算结果绘制的到达不同城市中心的连续交通流分布图。它反映了出行车辆从CBD周边的城市区域流向CBD的一个合理流动方向。可以发现，当流向其中一个CBD的交通流在流经另一个CBD附近时其流向会发生较大扭曲，这说明了交通流会尽量避免流经交通密度较大的区域。

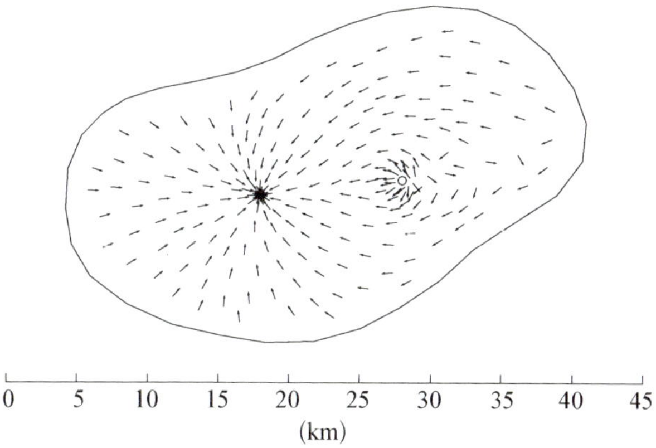

图3-7 到城市中心 O_1 的交通流

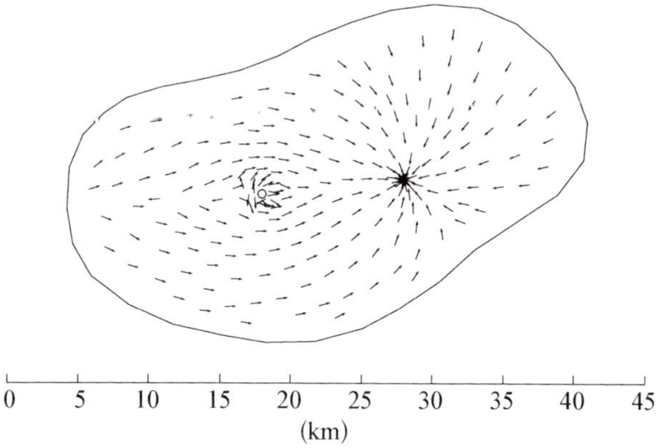

图3-8 到城市中心 O_2 的交通流

交通拥阻情况一直是市政管理部门所希望掌握的情况。图 3－9 是通过有限元分析方法绘制的城市区域的交通流密度图，它直观地反映了城市交通的拥阻状况。可以观察到，在靠近 CBD 的区域，交通拥阻情况较为严重。

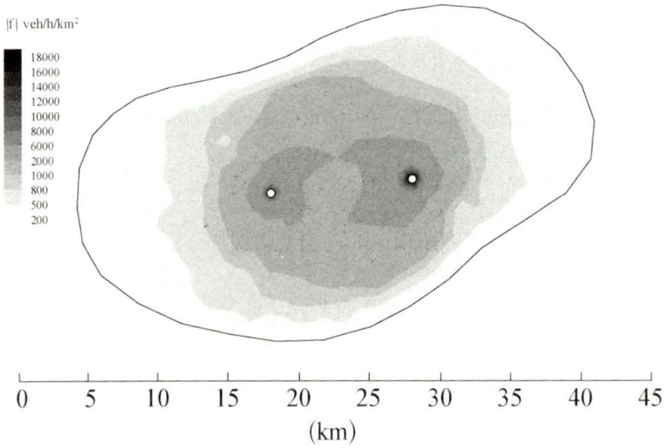

图 3－9　城市连续区域的交通流密度

图 3－10 和图 3－11 是出行阻抗势能等势图，这一结果对交通规划和设计都很有很有意义，对于土地利用、公交规划等也有指导意义。

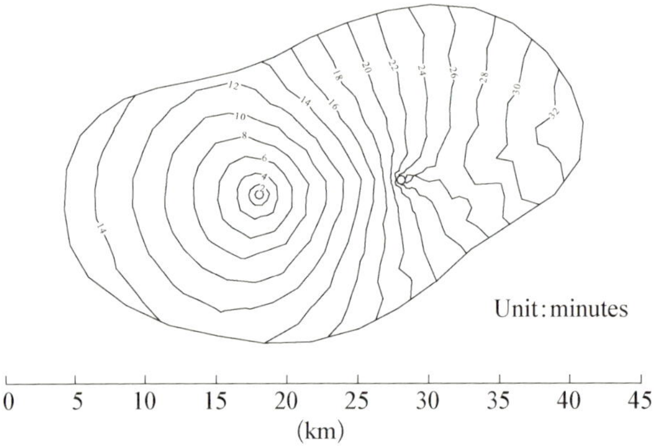

图 3－10　到城市中心 O_1 的交通阻抗等势线

作为弹性交通需求模型，交通需求变化的分析也是很有意义的。交通需求的变化表现了人们选择出行时对出行阻抗的考虑，也是交通需求控制

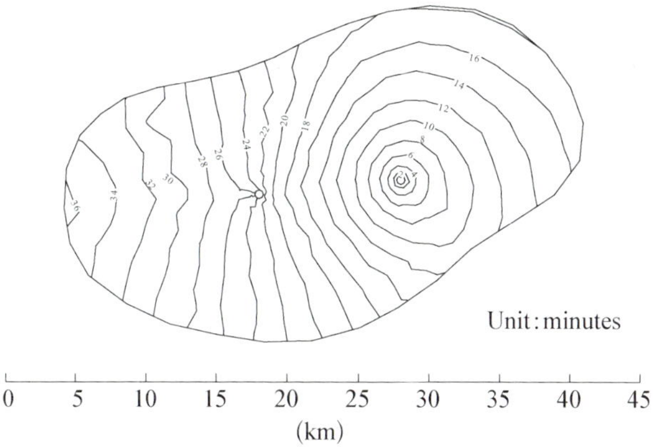

图 3－11　到城市中心 O_2 的交通阻抗等势线

(Traffic Demand Control)的理论根据。这一分析结果对于制定某些政策来调整城市人口的居住密度、部分区域实施 ERP(Electronic Road Price)等都有参考价值。图 3－12 和图 3－13 是利用有限元分析结果绘制的到达不同 CBD 的交通需求分布图。

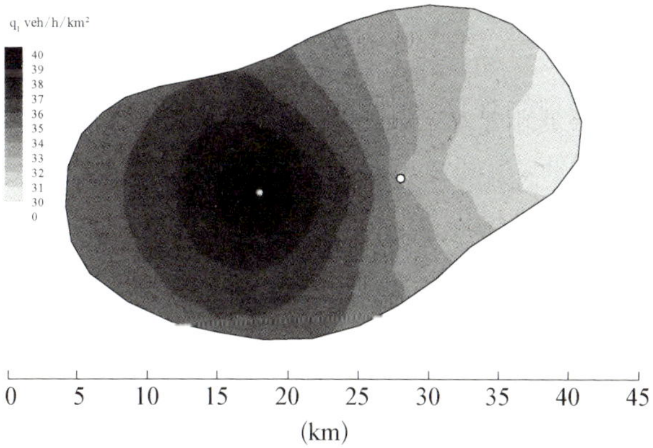

图 3－12　到城市中心 O_1 的交通需求分布

根据有限元方法分析的结果，城市区域内总共产生的前往 CBD 的出行交通量是 52 189 辆。其中，到达 O_1 的交通量为 21 055 辆，到达 O_2 的交通量为 31 134 辆。

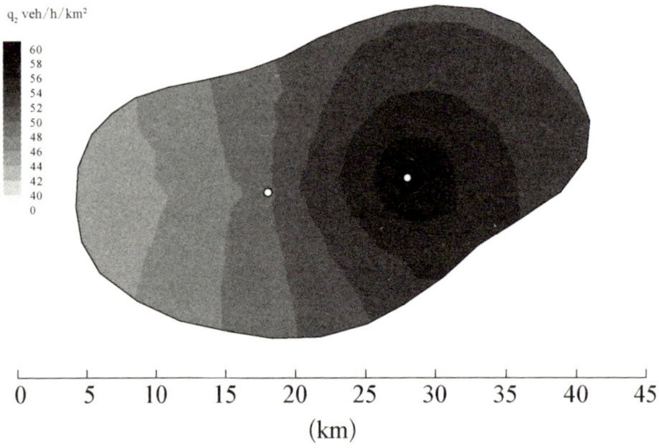

图 3 - 13　到城市中心 O_2 的交通需求分布

3.5　本 章 小 结

与离散型平衡分配模型相比，连续型平衡分配模型的抽象的交通网络的特征和相关交通函数都有所不同，依据连续型城市交通体系的假设，本章先讨论连续型模型的交通特征函数。其后分别建立了单吸引点和多吸引点的连续型交通平衡配流数学规划模型式(3 - 8)和式(3 - 28)，并利用变分原理证明了数学规划模型式(3 - 8)和式(3 - 28)的一阶驻点条件满足用户平衡条件(UE)。数学规划模型式(3 - 8)和式(3 - 28)的都需要通过适当的数值解算方法来求解，利用有限元法的思想，本书提出了一种修正的有限元算法来求解连续型交通分配模型。最后，本书以一个有两个交通吸引点的算例来说明模型和模型解算方法的有效性。

参考文献

[1]　Wong S C, Lee C K, Tong C O. Finite element solution for the continuum traffic equilibrium problems [J]. Int. J. Numer. Meth Engng. 1998, 43 (43):

1253 - 1273.

[2] Sasaki T, Iida Y, Yang H. User equilibrium traffic assignment by continuum approximation of network flow[C]// Proc. 11th Int. Symp. On Transportation and Traffic Theory, Japan, Yokohama, July, 1990.

[3] Beckmann M. A continuous model of transportation[J]. Econometrica, 1952: 20(4): 643 - 660.

[4] Wardrop J G. Some theoretical aspects of road traffic research[J]. Proc. Inst. Of Civil Engrs. Part II, 1952, 1(3): 362 - 378.

[5] Bureau of Public Road, Traffic Assignment Manual[R]. U. S. Department of commerce, Urban Planning Division, Washington D. C, 1964.

[6] Buckley D J. Traffic assignment in a two-dimensional continuous representation of a traffic network with flow-dependent speeds[J]. Transportation Research 13B, 1979: 167 - 179.

[7] Wong S C. Multi-commodity traffic assignment by continuum approximation of network flow with variable demand[J]. Transportation Research 32B, 1998: 567 - 581.

[8] Wong S C, Sun S H. A combined distribution and assignment model for continuous facility location problem[J]. The Annals of Regional Science 35, 2001: 267 - 281.

[9] Wong S C, Tong C O. Flow dependent traffic assignment in a circular city with a major circumference ring road[C]// Proceedings of the Highways into the Next Century Conference, 24 - 26 November, Hong Kong, 1996: 793 - 801.

[10] Wong S C, Tong C O, Wong C K. Flow dependent traffic assignment in a circular city: ring-radial routing system[C]// Proceedings of the International Conference on Urban Engineering in Asian Cities in the 21st Century, 20 - 23 November, Bangkok, Thailand, 1996: E7 - 12.

[11] Wong S C, Zhou C W, Lo H K, et al. An improved solution algorithm for the multi-commodity continuous distribution and assignment model[J]. ASCE

Journal of Urban Planning and Development, 2004, 130(1): 14 - 23.

[12] Zienkiewicz O C, Taylor R L. The Finite Element Method[M]. McGraw-Hill International Editions, 1989.

[13] 王勖成,邵敏.有限单元法基本原理和数值方法[M].第2版.北京:清华大学出版社,1997.

[14] Vliet D V, Dow P D C. Capacity-restrained road assignment[J]. Traffic Engineering and Control, 1979: 296 - 305.

第4章

连续模型在公共交通设施空间位置分析中的应用

以本书第3章讨论的满足用户平衡条件的连续型平衡分配模型和有限元法——牛顿迭代算法为基础，本章将讨论连续型平衡分配模型的一类扩展应用——公共交通设施空间位置分析研究。

相互存在竞争的大型公共交通枢纽设施的空间位置分析问题一直是地域经济、工业组织和交通管理学科研究的热点。在确定这些大型公共交通设施的位置和进行投资决策前，需要对这些设施的市场份额(或影响范围)进行预测，并分析相关因素对其的影响。对于已经建成的设施，也需要进行敏感性分析，研究相关因素的变化对其市场份额等造成的影响。作为二维平面空间形式的模型，连续模型在公共交通设施空间位置分析的研究中有独特的优势，其直观的表达形式、明确的数值结果，对这类问题的分析工作有很大的帮助。

4.1 研究回顾

在过去的一个世纪中，区域经济、交通工程等领域的学者们在公共交通设施的空间位置分析研究中做了大量的工作,尝试了很多分析方法和模型。这些分析方法和模型对区域特征和出行者行为特征提出了许多假设,这里做一个分类总结。

就分析区域空间而言,最简单的假设形式就是一维空间。早期有关设施位置的研究中多采用这样的空间假设,如 Hotelling(1929)[1]、Lerner 和 Singer(1937)[2]所提出的设施位置分析模型都建立在一维空间基础上。网络空间也是设施位置分析中常见的区域空间假设,这种区域空间假设将需求产生抽象在网络的节点上,通过将交通加载到网络上加以分配,Drezner(1995)[3]、Miller、Friesz 和 Tobin(1996)[4]所提出的模型就属于此类。二维连续空间形式是近年来用于设施位置分析模型的区域空间形式,该空间假设将平面划分为一系列的小区域,每个小区域作为一个需求产生点,在平面空间进行分配, S. C. Wong 和 Hai Yang(1999)[5]、Hai Yang 和S. C. Wong(2000)[6]提出的模型就是以连续空间形式作为模型基础。

设施空间位置分析模型的另一假设基础是出行者行为特征。从这一方面考虑,可以将模型划分为两大类:确定型和概率型。确定型模型假设出行者使用对他们吸引力最大的设施,因而出行分布形式是确定的,上述的 Hotelling(1929)[1]、Okabe 等(1992)[7]、S. C. Wong 和 Hai Yang(1999)[5]、Hai Yang 和 S. C. Wong(2000)[6]提出的模型都属于此类。而概率型模型认为出行者使用某一设施的可能性是服从特定的概率分布,Huff(1964)[8]、Drezner(1996)[3]提出的模型就属于此类。这类模型的假设条件虽然符合实际情况,但由于出行分布是不可确定的,使得其在计算使用特定设施的使用者数量、设施的市场占有份额等方面有所不便。

本章所讨论的模型是在二维连续区域空间的基础上,以最小的总出行费用为约束条件的多出行类别的确定型平衡分配优化模型。模型引入了交通拥挤函数,同时考虑了不同的公共交通设施对不同类型出行者吸引力的差异。通过以有限元方法为基础的牛顿迭代算法，可以得到模型的数值解，从而计算出各个设施的市场份额。在有限元算法的基础上，可以推导出敏感性分析的公式，进行相关因素的敏感性分析。

4.2　基本假设及符号说明

4.2.1　区域模型

本章所研究的平衡分配模型是建立在二维连续区域空间假设的基础上的，分析区域可以表示为如图 4-1 所示的平面区域，标记为 Ω；分析区域的边界标记为Γ。在这样的区域中，存在相互竞争关系的公共交通枢纽设施被抽象表示为一个点，标记为 O_i，$i=1, 2, \cdots, N$。城市区域中广泛分布的道路交通系统可以近似地处理为连续体（Yang、Yager 和 Iida，1994[7]）。

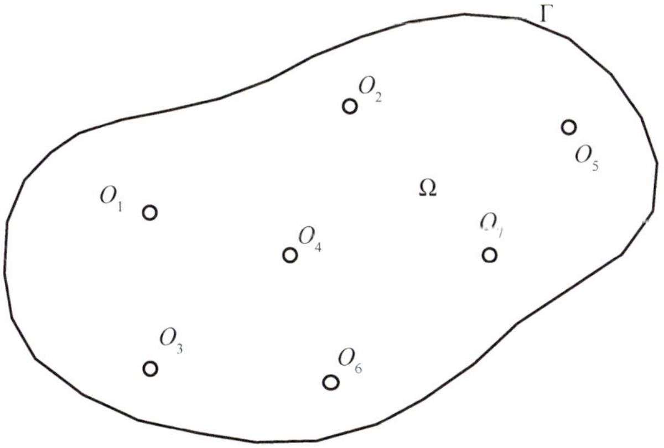

图 4-1　城市模型

假设使用这些交通枢纽设施的各类型出行需求连续地分布于整个城市区域 Ω 中，表示为非负的、不均匀需求函数 $q_m(x, y)$（m 为出行类别，

$m=1, 2, \cdots, M$)。需求函数有多种形式，而弹性需求是最为常用的一种。这里假设出行需求的变化通常与此类出行的总费用 $u_m(x, y)$ 有关，因而可以将出行需求表示为出行总费用的函数 $q_m(x, y)=D_m(u(x, y))$，这里的 $q_m(x, y)$ 表示的是点 $(x, y)\in\Omega$ 处使用交通枢纽设施的单位面积出行需求，$u_m(x, y)$ 表示的是点 (x, y) 处的 m 类出行的最小出行费用。函数 $D(\cdot)$ 是一个单调递减函数，它反映了出行总费用和出行需求之间的弹性关系。

由于城市交通体系近似的作为连续体处理，分析区域 Ω 中的出行流量也被视为连续分布。这里我们用向量 $\mathbf{f}_m(x, y)=(f_{mx}(x, y), f_{my}(x, y))$ 表示第 m 类出行的流量，其中 $f_{mx}(x, y)$ 和 $f_{my}(x, y)$ 分别表示流量向量 $\mathbf{f}_m(x, y)$ 在 x 方向和 y 方向上的分量。点 (x, y) 处第 m 类出行的流量密度可以定义为：

$$|\mathbf{f}_m(x, y)|=\sqrt{f_{mx}(x, y)^2+f_{my}(x, y)^2} \tag{4-1}$$

城市区域 Ω 中点 (x, y) 处的交通出行费用与当地的道路状况和总的出行流量密度有关，而与出行类别和流量方向无关。这一费用可以表示为当地的总出行流量密度和道路网参数的函数：

$$c(x, y, f)=a(x, y)+b(x, y)\left[\sum_{m=1}^{M}|\mathbf{f}_m(x, y)|\right]^{\gamma(x, y)} \tag{4-2}$$

式中，$a(x, y)$、$b(x, y)$、$\gamma(x, y)$ 是与道路网状况有关的非负的梯度函数。

在城市区域 Ω 中，各类型使用交通枢纽设施的出行需求和出行流量之间都必须满足流量守恒原则。这一守恒原则可以表示如下：

$$\nabla\mathbf{f}_m(x, y)+q_m(x, y)=0, \quad m=1, 2, \cdots, M \quad (x, y)\in\Omega \tag{4-3}$$

其中的 $\nabla \mathbf{f}(x, y) = \partial f_x/\partial x + \partial f_y/\partial y$ 是出行流量的梯度函数。

为了简化模型，我们假设没有出行流量穿越分析区域边界Γ，这一假设可以表示为：

$$\mathbf{f}_m \cdot \mathbf{n} = 0, \qquad m = 1, 2, \cdots, M \qquad \text{on} \qquad \Gamma \tag{4-4}$$

为了避免在枢纽设施 O_i 处出现奇异，我们假设枢纽设施 O_i 被半径很小的顺时针方向的圆形边界 Γ_{ci} 所包围，$i = 1, 2, \cdots, N$。由于各个设施对不同类型的交通出行者的吸引是不同的，这里我们用设施 i 的服务指标来表示这一差异，记为 $\bar{u}_{mi}$（i 为设施编号，$i = 1, 2, \cdots, N$；m 为出行类别，$m = 1, 2, \cdots, M$）。我们将 Ω_{ci} 定义为枢纽设施 O_i 对 m 类出行的吸引范围，则第 m 类出行者使用枢纽设施 O_i 的数量可以表示为：

$$Q_{mi} = \iint_{\Omega_{mi}} q_m(x, y) d\Omega, \qquad m = 1, 2, \cdots, M \qquad i = 1, 2, \cdots, N \tag{4-5}$$

那么，公共交通设施 O_i 的市场份额为：

$$T_i = \frac{Q_i}{Q} = \frac{\sum_{m=1}^{M} Q_{mi}}{\sum_{i=1}^{N}\sum_{m=1}^{M} Q_{mi}} \tag{4-6}$$

4.2.2　出行选择行为

确定型的分析模型通常假设出行者会选择对其吸引力最大的设施。计算设施对出行者吸引力的大小是建立模型一个关键。最初的方法是采用设施和出行点的距离最为衡量标准，这一方法虽然简单，但与实际的情况差别较大。另一种较常用的做法是采用交通出行费用作为衡量标准，这一做法考虑了道路状况等对出行者选择设施的影响，但对设施本身的一些属性的影响没有加以考虑。这里采用综合出行费用的概念来衡量设施对出行者的吸引力，这里的综合出行费用考虑了设施特性对出行的影响和交通出行费用两方面的因素，其费用函数可表示如下：

$$\begin{aligned} & G_m[H(x, y), O_i] \\ & = \sum_{k=1}^{K} w_{km} p_{km}^{n} + C[H(x, y), O_i] \\ & = \bar{u}_{mi} + C[H(x, y), O_i] \end{aligned} \tag{4-7}$$

式中：$G_m[H(x, y), O_i]$——H 点的 m 类出行者选择使用枢纽设施 O_i 的综合出行费用；

$\bar{u}_{mi} = \sum_{k=1}^{K} w_{km} p_{km}^{i}$——$m$ 类出行者使用枢纽设施 O_i 的费用指标，这一费用由设施的特性所决定，p_{km}^{i} 表示设施的 k 项特性的费用影响值，w_{km} 表示 k 项特性的权重；

$C[H(x, y), O_i]$——出行者从 H 点到枢纽设施 O_i 的最小交通出行费用，这一费用与交通出行者的类别无关。

假设路径 $\bar{p}$ 是 H 点到枢纽设施 O_i 的可供选择的出行路径，最小交通出行费用表示为：

$$C[H(x, y), O_i] = \underset{\bar{p}}{Min} \int_{\bar{P}} c(x, y, f) \mathrm{d}s \tag{4-8}$$

我们假设 m 类出行者使用枢纽设施 O_i 是基于综合出行费用最小的考虑，对于所有的 i，$i = 1, 2, \cdots, N$ 则必须满足下面的式子：

$$G_m[H(x, y), O_i] \geqslant G_m[H(x, y), O_j] \tag{4-9}$$

4.3　平衡分配数学规划模型

4.3.1　数学规划模型

如果相互间具有竞争性的公共交通设施的位置和特性是确定的，满足流量守恒条件式(4-3)、式(4-4)以及出行选择行为约束条件式(4-9)的用户平衡条件的数学规划模型可以表示如下：

$$\underset{f}{\text{Minimize}}\,\theta(f)=\iint_{\Omega}\left\{a\sum_{m=1}^{M}|\mathbf{f}_m|+\frac{b}{\gamma+1}\left(\sum_{m=1}^{M}|\mathbf{f}_m|\right)^{\gamma+1}\right. \tag{4-10a}$$

$$\left.-\sum_{m=1}^{M}\int_0^{q_m}D_m^{-1}(\xi)d\xi\right\}d\,\Omega+\sum_{i=1}^{N}\sum_{m=1}^{M}\bar{u}_{mi}Q_{mi}$$

s. t.

$$\nabla\mathbf{f}_m(x,\ y)+q_m(x,\ y)=0,\qquad m=1,\ 2,\ \cdots,\ M\qquad (x,\ y)\in\Omega \tag{4-10b}$$

$$\mathbf{f}_m\cdot\mathbf{n}=0,\qquad m=1,\ 2,\ \cdots,\ M\qquad \text{on}\qquad \Gamma \tag{4-10c}$$

$$\oint_{\Gamma_{ci}}\mathbf{f}_m\cdot\mathbf{n}\mathrm{d}\Gamma+Q_{mi}=0,\qquad m=1,\ 2,\ \cdots,\ M\qquad i=1,\ 2,\ \cdots,\ N \tag{4-10d}$$

数学规划模型式(4-10)没有直接的物理或经济方面的意义，但运用变分原理(Variational Principle)，我们可以得到模型的一阶等价条件满足用户平衡条件及其他的约束即式(4-3)、式(4-4)和式(4-9)，其证明如下。

首先，考虑下面的 Lagrange 辅助函数：

$$\Pi=\iint_{\Omega}\left\{a\sum_{m=1}^{M}|\mathbf{f}_m|+\frac{b}{\gamma+1}\left(\sum_{m=1}^{M}|\mathbf{f}_m|\right)^{\gamma+1}\right.$$

$$+\sum_{m=1}^{M}u_m(\nabla\cdot\mathbf{f}_m+q_m)-\left.\sum_{m=1}^{M}\int_0^{q_m}D_m^{-1}(\xi)\mathrm{d}\xi\right\}\mathrm{d}\Omega$$

$$+\sum_{i=1}^{N}\sum_{m=1}^{M}\bar{u}_{mi}Q_{mi}+\int_{\Gamma}\sum_{m=1}^{M}\omega_m(\mathbf{f}_m\cdot\mathbf{n})\mathrm{d}\Gamma$$

$$+\sum_{i=1}^{N}\sum_{m=1}^{M}\pi_{mi}\left(\oint_{\Gamma_{ci}}\mathbf{f}_m\cdot\mathbf{n}\mathrm{d}\Gamma+Q_{mi}\right)+\sum_{i=1}^{N}\sum_{m=1}^{M}\bar{u}_{mi}Q_{mi}$$

$$+\int_{\Gamma}\sum_{m=1}^{M}\omega_m(\mathbf{f}_m\cdot\mathbf{n})\mathrm{d}\Gamma+\sum_{i=1}^{N}\sum_{m=1}^{M}\pi_{mi}\left(\oint_{\Gamma_{ci}}\mathbf{f}_m\cdot\mathbf{n}\mathrm{d}\Gamma+Q_{mi}\right)$$

(4－11)

其中，$u_m(x, y)$、$\omega_m(x, y)=[\omega_{mx}(x, y), \omega_{my}(x, y)]$ 和 $\pi_{mi}(x, y)$ 是对应于模型约束条件即式(4－10b)、式(4－10c)、式(4－10d)的 Lagrange 乘子。

假设 $\delta\mathbf{f}_m$，δq_m，δu_m，$\delta\omega_m$，$\delta\pi_{mi}$($m=1, 2, \cdots, M$, $i=1, 2, \cdots, N$) 为任意的函数，且 $\delta\mathbf{f}_m$ 在边界Γ上为零。对 Lagrange 辅助函数应用变分原理，我们可以得到：

$$\delta\Pi=\iint_{\Omega}\left\{a\sum_{m=1}^{M}\frac{1}{|\mathbf{f}_m|}\mathbf{f}_m\cdot\delta\mathbf{f}_m+b\left(\sum_{m=1}^{M}|\mathbf{f}_m|\right)^{\gamma}\sum_{m=1}^{M}\frac{1}{|\mathbf{f}_m|}\mathbf{f}_m\cdot\delta\mathbf{f}_m\right.$$

$$+\sum_{m=1}^{M}u_m(\nabla\delta\mathbf{f}_m+\delta q_m)+\sum_{m=1}^{M}\delta u_m(\nabla\mathbf{f}_m+q_m)-\left.\sum_{m=1}^{M}D_m^{-1}(q_m)\delta q_m\right\}\mathrm{d}\Omega$$

$$+\sum_{i=1}^{N}\sum_{m=1}^{M}\bar{u}_{mi}\delta Q_{mi}+\int_{\Gamma}\sum_{m=1}^{M}\delta\omega_m(\mathbf{f}_m\cdot\mathbf{n})\mathrm{d}\Gamma+\int_{\Gamma}\sum_{m=1}^{M}\omega_m(\delta\mathbf{f}_m\cdot\mathbf{n})\mathrm{d}\Gamma$$

$$+\sum_{i=1}^{N}\sum_{m=1}^{M}\pi_{mi}\left(\oint_{\Gamma_{ci}}\delta\mathbf{f}_m\cdot\mathbf{n}\mathrm{d}\Gamma+\delta Q_{mi}\right)+\sum_{i=1}^{N}\sum_{m=1}^{M}\delta\pi_{mi}\left(\oint_{\Gamma_{ci}}\mathbf{f}_m\cdot\mathbf{n}\mathrm{d}\Gamma+Q_{mi}\right)$$

(4－12)

由分步积分公式和高斯积分定理(Gauss integral theorem),我们可以得到:

$$
\begin{aligned}
\delta\Pi = & \iint_{\Omega}\left\{\sum_{m=1}^{M}\left\{\left(a+b\left(\sum_{n=1}^{M}|\mathbf{f}_n|\right)^{\gamma}\right)\frac{\mathbf{f}_m}{|\mathbf{f}_m|}-\nabla u_m\right\}\cdot\delta\mathbf{f}_m \mathrm{d}\Omega\right. \\
& +\iint_{\Omega}\sum_{m=1}^{M}[u_m - D_m^{-1}(q_m)]\delta q_m \mathrm{d}\Omega \\
& +\iint_{\Omega}\sum_{m=1}^{M}\delta q_m u_m \mathrm{d}\Omega + \iint_{\Omega}\sum_{m=1}^{M}\delta u_m(\nabla\mathbf{f}_m + q_m)\mathrm{d}\Omega \\
& +\int_{\Gamma}\sum_{m=1}^{M}\delta\omega_m(\mathbf{f}_m\cdot\mathbf{n})\mathrm{d}\Gamma + \int_{\Gamma}\sum_{m=1}^{M}(u_m+\omega_m)(\delta\mathbf{f}_m\cdot\mathbf{n})\mathrm{d}\Gamma \\
& +\sum_{i=1}^{N}\sum_{m=1}^{M}(\bar{u}_{mi}+\pi_{mi})\delta Q_{mi} + \sum_{i=1}^{N}\sum_{m=1}^{M}\delta\pi_{mi}\left(\oint_{\Gamma_{ci}}\mathbf{f}_m\cdot\mathbf{n}\mathrm{d}\Gamma + Q_{mi}\right) \\
& +\sum_{i=1}^{N}\sum_{m=1}^{M}(u_m+\pi_{mi})\oint_{\Gamma_{ci}}\delta\mathbf{f}_m\cdot\mathbf{n}\mathrm{d}\Gamma
\end{aligned}
\tag{4-13}
$$

因为 $\delta\mathbf{f}_m$, δq_m, δu_m, $\delta\omega_m$, $\delta\pi_{mi}$($m=1, 2, \cdots, M$, $i=1, 2, \cdots, N$)为任意的函数,且 $\delta\mathbf{f}_m$ 在边界Γ上为零,Lagrange 辅助函数的 K-K-T 条件要求:

$$\left(a+b\left(\sum_{r=1}^{M}|\mathbf{f}_r|\right)^{\gamma}\right)\frac{\mathbf{f}_m}{|\mathbf{f}_m|}-\nabla u_m = 0,\ (x, y)\in\Omega,\ m=1, 2, \cdots, M \tag{4-14}$$

$$u_m = D_m^{-1}(q_m)\quad \text{or}\quad q_m = D(u_m),\quad \forall(x, y)\in\Omega,\ m=1, 2, \cdots, M \tag{4-15}$$

$$\nabla\mathbf{f}_m + q_m = 0\qquad (x, y)\in\Omega,\ m=1, 2, \cdots, M \tag{4-16}$$

$$\mathbf{f}_m\cdot\mathbf{n} = 0\qquad (x, y)\in\Gamma,\ m=1, 2, \cdots, M \tag{4-17}$$

$$\bar{u}_{mi}+\pi_{mi} = 0\qquad m=1, 2, \cdots, M,\ i=1, 2, \cdots, N \tag{4-18}$$

$$u_m+\pi_{mi} = 0\qquad (x, y)\in\Gamma_{ci},\ m=1, 2, \cdots, M,\ i=1, 2, \cdots, N \tag{4-19}$$

$$\oint_{\Gamma_{ci}}\mathbf{f}_m\cdot\mathbf{n}\mathrm{d}\Gamma + Q_{mi} = 0\quad m=1, 2, \cdots, M,\ i=1, 2, \cdots, N \tag{4-20}$$

从一阶等价条件式(4－14)中，我们可以得到下面的属性：

$$\mathbf{f}_m \mathbin{//} \nabla u_m, \qquad \text{whenever} \mid \mathbf{f}_m \mid > 0 \tag{4-21}$$

$$c = a + b\left(\sum_{r=1}^{M} \mid \mathbf{f}_r \mid\right)^{\gamma} = \mid \nabla u_m \mid \tag{4-22}$$

式(4－21)中的 // 表示两个向量有相同的方向，式(4－22)表明连续交通系统中任意一点的出行交通费用与道路网络和交通状况有关，而与出行者的类别无关。

从一阶等价条件式(4－18)、式(4－19)可得：

$$u_m = \bar{u}_{mi} \qquad (x, y) \in \Gamma_{ci}, \ m = 1, 2, \cdots, M, \ i = 1, 2, \cdots, N \tag{4-23}$$

4.3.2 用户平衡与出行选择行为条件

一阶等价条件式(4－16)、式(4－17)、式(4－20)满足了流量守恒条件，下面将利用一阶等价条件式(4－21)、式(4－22)和式(4－23)证明模型满足用户平衡条件，进而通过用户平衡条件和等价条件式(4－23)证明出行选择行为约束条件式(4－9)。

在连续型的城市交通体系中，从枢纽设施 O_i 到 H 点，对于任何一条选用的路径 p，我们可以得到其出行费用为：

$$C^p[H, O_i] = u_m(H) - u_m(O_i) \tag{4-24}$$

而其他那些没有被选择使用的路径 $\tilde{p}$，其出行费用为：

$$\begin{aligned} C^{\tilde{p}}[H, O_i] &= \int_{\tilde{p}} c\,ds = \int_{O_i}^{H} \mid \nabla u_m \mid \\ &\geqslant \int_{O_i}^{H} \nabla u_m \\ &= u_m(H) - u_m(O_i) \\ &= C^p[H, O_i] \end{aligned} \tag{4-25}$$

式(4-24)和式(4-25)说明，在连续的城市交通体系中，从任意点 H 到枢纽设施 O_i，所有被选用路径的出行费用都是相等的，且小于等于其他没有被选用的路径的出行费用。这就证明了数学规划模型式(4-10)是满足用户平衡条件的。

因为模型是确定型的出行选择行为，如果 H 点的 m 类出行者选择使用枢纽设施 O_n，则从 H 点到枢纽设施 O_n 有被使用的路径，其综合出行费用可表示为：

$$\begin{aligned} & G_m[H(x,\ y),\ O_n] \\ & = \bar{u}_{mn} + C[H(x,\ y),\ O_n] \\ & = \bar{u}_{mn} + u_m(H) - u_m(O_n) \end{aligned} \tag{4-26}$$

从式(4-23)可知，$u_m(O_n) = \bar{u}_{mn}$，则

$$\begin{aligned} & G_m[H(x,\ y),\ O_n] \\ & = \bar{u}_{mn} + u_m(H) - u_m(O_n) \\ & = u_m(H) \end{aligned} \tag{4-27}$$

而 H 点的 m 类出行者没有选择使用枢纽设施 $O_{\bar{n}}$，则从 H 点到枢纽设施 $O_{\bar{n}}$ 没有被 m 类出行者使用的路径，其使用枢纽设施 $O_{\bar{n}}$ 的综合出行费用为：

$$\begin{aligned} & G_m[H(x,\ y),\ O_{\bar{n}}] \\ & = \bar{u}_{m\bar{n}} + C[H(x,\ y),\ O_{\bar{n}}] \\ & \geqslant \bar{u}_{m\bar{n}} + u_m(H) - u_m(O_{\bar{n}}) \\ & = u_m(H) \end{aligned} \tag{4-28}$$

式(4-27)和式(4-28)表明，出行者总是选择使用综合出行费用最小的枢纽设施，也就证明了数学规划模型式(4-10)是满足出行选择行为约束条件式(4-9)的。从式(4-27)我们还可以发现，Lagrange 乘子 u_m 表示 m 类出行者选择使用交通枢纽设施的最小综合费用。

4.4 模型的数值解法

4.4.1 有限元方法

有限元方法是求解连续型模型数值解的常用方法。这里采用以有限元方法为基础的迭代算法来求解连续型交通分配模型的数值解。首先，我们将需要分析的连续区域离散为一系列三角形单元。为了保证数值解的准确性和稳定性，在靠近枢纽设施的区域，三角形单元要划分的均匀和细小。假设城市区域被划分成 N_e 个三角形单元，强化边界条件后，我们可以得到下面的离散后的修正 Lagrange 函数：

$$
\begin{aligned}
\Pi = & \sum_{e\in\Omega}\iint_{\Omega_e}\Big\{a_e\sum_{m=1}^{M}|\mathbf{f}_m| + \frac{b_e}{\gamma_e+1}\Big(\sum_{m=1}^{M}|\mathbf{f}_m|\Big)^{\gamma_e+1} - \sum_{m=1}^{M}\int_0^{q_m}D_m^{-1}(\xi)\mathrm{d}\xi \\
& + \sum_{m=1}^{M}u_m(\nabla\mathbf{f}_m + q_m)\Big\}\mathrm{d}\Omega_e - \sum_{n=1}^{N}\sum_{m=1}^{M}\bar{u}_{mn}\oint_{\Gamma_{cn}}\mathbf{f}_m\cdot\mathbf{n}\mathrm{d}\Gamma \\
& + \sum_{m=1}^{M}\sum_{i\in\Gamma}(\omega_{imx}f_{imx} + \omega_{imy}f_{imy}) + \sum_{n=1}^{N}\sum_{i\in\Gamma_{cn}}\sum_{m=1}^{M}\sigma_{im}(u_{im} - \bar{u}_{mn})
\end{aligned}
\tag{4-29}
$$

式中：Ω_e ——三角形单元区域；

a_e，b_e，γ_e ——三角形单元区域的交通网络参数；

f_{imx}，f_{imy} ——单元节点 i 上的出行流量向量 f_{im} 在 x 方向和 y 方向上的分量；

u_{im} ——单元节点 i 上 m 类出行者使用交通枢纽设施的综合出行费用势能值；

ω_{imx}，ω_{imy} ——对应于 f_{imx}，f_{imy} 的 Lagrange 乘子；

σ_{im} ——对应于 u_{im} 的 Lagrange 乘子。

这里我们采用三角形单元线性插值函数的方法,用三角形单元顶点的数值来表示任意点的数值。这样修正 Lagrange 函数(4－29)可以用三角形单元节点的参数来表示:

$$\overline{\Pi}(\Psi), \qquad \text{and} \qquad \Psi = Col(\bar{\mathbf{f}}_m, \bar{u}_m, \bar{\omega}_m, \bar{\sigma}_m)$$
$$\bar{\mathbf{f}}_m = Col(f_{imx}, f_{imy}, i = 1, 2, \cdots, M_N, m = 1, 2, \cdots, M)$$
$$\bar{u}_m = Col(u_{im}, i = 1, 2, \cdots, M_N, m = 1, 2, \cdots, M)$$
$$\bar{\omega}_m = Col(\omega_{imx}, \omega_{imy}, i = 1, 2, \cdots, M_B, m = 1, 2, \cdots, M)$$
$$\bar{\sigma}_m = Col(\sigma_{im}, i = 1, 2, \cdots, M_c, m = 1, 2, \cdots, M) \tag{4-30}$$

式中:M_N ——离散后的网格的节点总数;

M_B ——城市区域边界上的节点数;

M_C ——枢纽设施边界上的节点数。

为了求得数学规划模型式(4－10)的解,我们采用以上述有限元方法为基础的牛顿迭代法。设 Ψ^0 是模型的解,将修正 Lagrange 函数在 Ψ^0 处使用 Toylor 级数展开,可得:

$$\overline{\Pi}(\Psi) = \overline{\Pi}(\Psi^0) + R^T(\Psi - \Psi^0) + \frac{1}{2}(\Psi - \Psi^0)^T J(\Psi - \Psi^0) \tag{4-31}$$

其中,$R = \nabla\overline{\Pi}(\Psi^0)$ 是 Lagrange 函数在 Ψ^0 处的残余向量,$J = \nabla^2\overline{\Pi}(\Psi^0)$ 是 Lagrange 函数在 Ψ^0 处的 Jacobian 矩阵。

在修正 Lagrange 函数的驻点处,函数的一阶导数为零,则可得:

$$\nabla\overline{\Pi}(\Psi) = R^T + J(\Psi - \Psi^0) = 0 \tag{4-32}$$

由式(4－32)我们可以得到牛顿迭代法中更优的解:

$$\Psi = \Psi^0 - J^{-1}R \tag{4-33}$$

4.4.2 算法的一般过程

牛顿迭代算法的过程如下：

(1) 设 $k=0$，寻找初试解 $\Psi^{(0)}$；

(2) 计算 $R(\Psi^{(k)})$ 和 $J(\Psi^{(k)})$；

(3) 如果 $|R(\Psi^{(k)})| < \varepsilon$，$\varepsilon$ 为可接受的误差，则计算结束，$\Psi^{(k)}$ 为所求的解；

(4) 反之则寻找更优的解 $\Psi^{(k+1)} = \Psi^{(k)} - J^{-1}(\Psi^{(k)})R(\Psi^{(k)})$；

(5) 将 $\Psi^{(k)}$ 替换为 $\Psi^{(k+1)}$，继续步骤(2)。

在求得模型的数值解 Ψ 后，利用式(4-5)、式(4-6)，我们可以很容易的得到使用各个交通枢纽设施的不同类型出行者的数量 Q_{mi} 和各设施所占的市场份额 T_i。

Q_{mi} 是第 m 类出行者选择枢纽设施 O_i 的数量，这类出行者分布于整个分析的连续区域中。这一分配结果实际上是求算出了第 m 类出行者的空间 OD 分布情况。OD 数据通常都是较难获取的，而在确定了各吸引点的吸引力后，我们就可以通过上述模型求算出 Q_{mi}，得到 OD 的一个空间分布。也就是说，模型式(4-10)提供了一种在大区域内估计 OD 分布情况的方法。与直接调查 OD 数据相比，各吸引点的吸引力可以通过调查历史数据而更为容易确定。在大范围的区域分析中，这种方法是可行的、有效的。本章所举的分析实例也将说明这一方法的有效性。

4.5 敏感性分析

敏感性分析也是公共交通设施位置分析中所常遇到的问题，这里的敏感性分析就是指分析相关环境因素的变化对交通分配结果的影响大小。对于连续模型式(4-10)本身,进行敏感性分析有一定的困难。当采用有限元方法将连续区域离散后,就可以利用隐函数定理,对离散后得到的函数 $\Psi = Col(\bar{\mathbf{f}}_m, \bar{u}_m, \bar{\omega}_m, \bar{\sigma}_m)$ 进行敏感性分析。

4.5.1 隐函数定理的应用

假设函数 $f(x, y)$ 是定义在 $E_n \times E_m$ 上的 $r \times 1$ 维向量,其中,$x \in E_n$、$y \in E_m$。这里用符号 $D_x f(x_0, y_0)$ 来表示向量函数 $f(x, y)$ 相对于 x 的一阶微分矩阵,$D_y f(x_0, y_0)$ 来表示向量函数 $f(x, y)$ 相对于 y 的一阶微分矩阵。如果当 $f(x_0, y_0) = 0$ 时,函数 $f(x, y)$ 在点 (x_0, y_0) 附近的开集合上相对于 x 和 y 都是连续可微的,且 $D_x f(x_0, y_0)$ 是可逆的矩阵,那么就存在着定义在 y_0 邻近区域的函数 $x(y)$,对于这一区域内的每个 $\hat{y}$,$f[x(\hat{y}), \hat{y}] = 0$。在 y_0 附近连续可微的函数 $x(y)$ 可以表示为:

$$\begin{aligned} x'_y(y_0) &= -D_x f[x(y_0), y_0]^{-1} D_y f[x(y_0), y_0] \\ &= -D_x f[x_0, y_0]^{-1} D_y f[x_0, y_0] \end{aligned} \tag{4-34}$$

隐函数定理在很多有关高等数学的书籍中都有介绍,并附有详细的证明过程,这里就不再多加叙述了。

利用有限元方法将模型(4-10)离散后,通过上一节介绍的牛顿迭代算法,我们可以求得 $\Psi = Col(\bar{\mathbf{f}}_m, \bar{u}_m, \bar{\omega}_m, \bar{\sigma}_m)$。这里的 Ψ 是在参数 a_i、b_i、γ_i(i 为离散后的三角形单元数)和 $\bar{u}_{mj}$(m 为出行者的类别,j 为设施的编号)确定的情况下得到的,因而可以将 Ψ 视为参数 $\varepsilon = Col(a_i, b_i, \gamma_i, \bar{u}_{mj})$ 的函数,表示为 $\Psi(\varepsilon)$。设 $\nabla \overline{\Pi}_\Psi(\Psi, \varepsilon)$ 为 k 维向量函数,则 Ψ 又可视为方程 $\nabla \overline{\Pi}_\Psi(\Psi, \varepsilon) = 0$ 的解。假设在 (Ψ_0, ε_0) 处,$\nabla \overline{\Pi}(\Psi_0, \varepsilon_0) = 0$ 成立,向量函数 $\nabla \overline{\Pi}_\Psi(\Psi, \varepsilon_0)$ 的每一项都是独立的,且矩阵 $D_\Psi \overline{\Pi}[\Psi(\varepsilon_0), \varepsilon_0]$ 是可逆的,通过隐函数定理,我们可以得到:

$$\begin{aligned}\Psi_\varepsilon'(\varepsilon_0) &= -D_\Psi\overline{\Pi}[\Psi(\varepsilon_0),\ \varepsilon_0]^{-1}D_\varepsilon\overline{\Pi}[\Psi(\varepsilon_0),\ \varepsilon_0] \\ &= -D_\Psi\overline{\Pi}[\Psi_0,\ \varepsilon_0]^{-1}D_\varepsilon\overline{\Pi}[\Psi_0,\ \varepsilon_0] \\ &= -(\nabla^2_\Psi\overline{\Pi})^{-1}\nabla^2_{\Psi\varepsilon}\overline{\Pi} \\ &= -M_0^{-1}N_0\end{aligned} \tag{4-35}$$

式(4-35)中的矩阵 M_0 是向量函数 $\nabla\overline{\Pi}_\Psi(\Psi,\ \varepsilon_0)$ 的 Jacobian 矩阵。式(4-35)反映了 Ψ 相对于参数 ε 改变的变化情况，也就是通常所说的 Ψ 相对于参数 ε 的敏感性。因而，式(4-35)就是式(4-10)做敏感性分析的基本公式。对于不同的参数，敏感性分析的具体表达式是有所不同的，下面将详细介绍。

4.5.2 不同参数的敏感性分析公式

在本书第 3 章的第 3 节中，以单吸引点的交通配流模型为例，详细讨论了 Jacobian 矩阵的构成和求算公式。式(4-10)的 Jacobian 矩阵的构成和单吸引点的交通配流模型的 Jacobian 矩阵是类似的，其求算方法也是相同的。敏感性分析公式中地 M_0 实际就是 Jacobian 矩阵，对不同的参数而言，这一部分都是相同的，这里就不做更多的叙述。

敏感性分析公式中的 N_0 的形式随参数的不同是变化的。下面将详细介绍不同参数的 N_0 的结构和求算公式。为了便于推导不同参数的 N_0 的公式，将离散后的 Lagrange 函数式(4-29)切分成三个部分，表示为：

$$\Pi = \Pi_1 + \Pi_2 + \Pi_3 \tag{4-36a}$$

其中，

$$\begin{aligned}\overline{\Pi}_1 = \sum_{e\in\Omega}\iint_{\Omega_e}\Bigg\{&a_e\sum_{m=1}^{M}|\mathbf{f}_m| + \frac{b_e}{\gamma_e+1}\left(\sum_{m=1}^{M}|\mathbf{f}_m|\right)^{\gamma_e+1} \\ &-\sum_{m=1}^{M}\int_0^{q_m}D_m^{-1}(\xi)\mathrm{d}\xi + \sum_{m=1}^{M}u_m(\nabla\mathbf{f}_m + q_m)\Bigg\}\mathrm{d}\Omega_e\end{aligned} \tag{4-36b}$$

$$\bar{\Pi}_2 = -\sum_{n=1}^{N}\sum_{m=1}^{M}\bar{u}_{mn}\sum_{k=1}^{K_{cn}}[(f_{r_{nk1}mx}+f_{r_{nk2}mx})n_{kmx}+(f_{r_{nk1}my}+f_{r_{nk2}my})n_{kmy}]\Delta\Gamma_{nk} \tag{4-36c}$$

$$\bar{\Pi}_3 = \sum_{m=1}^{M}\sum_{i\in\Gamma}(\omega_{imx}f_{imx}+\omega_{imy}f_{imy}) \tag{4-36d}$$

从第一项 $\bar{\Pi}_1$ 可以推出：

$$\nabla^2_{\Psi,\varepsilon}\bar{\Pi}_1 = \sum_{e=1}^{M_E}\delta_1(e;\ i,\ j,\ k)\nabla^2_{\Psi_{e1},\varepsilon_{e1}}\bar{\Pi}_{e1} \tag{4-37}$$

其中，$\varepsilon_{e1}=(a_e,\ b_e,\ \gamma_e)$，

$$\nabla^2_{\Psi_{e1},\varepsilon_{e1}}\bar{\Pi}_{e1}$$
$$=\begin{bmatrix}
\iint_{\Omega_e} f_{xe}N_i/|f_e|\mathrm{d}\Omega & \iint_{\Omega_e} f_{xe}N_i|f_e|^{\gamma_e-1}\mathrm{d}\Omega & \iint_{\Omega_e} b_e f_{xe}N_i|f_e|^{\gamma_e-1}\ln|f_e|\mathrm{d}\Omega \\
\iint_{\Omega_e} f_{ye}N_i/|f_e|\mathrm{d}\Omega & \iint_{\Omega_e} f_{ye}N_i|f_e|^{\gamma_e-1}\mathrm{d}\Omega & \iint_{\Omega_e} b_e f_{ye}N_i|f_e|^{\gamma_e-1}\ln|f_e|\mathrm{d}\Omega \\
\iint_{\Omega_e} f_{xe}N_j/|f_e|\mathrm{d}\Omega & \iint_{\Omega_e} f_{xe}N_j|f_e|^{\gamma_e-1}\mathrm{d}\Omega & \iint_{\Omega_e} b_e f_{xe}N_j|f_e|^{\gamma_e-1}\ln|f_e|\mathrm{d}\Omega \\
\iint_{\Omega_e} f_{ye}N_j/|f_e|\mathrm{d}\Omega & \iint_{\Omega_e} f_{ye}N_j|f_e|^{\gamma_e-1}\mathrm{d}\Omega & \iint_{\Omega_e} b_e f_{ye}N_j|f_e|^{\gamma_e-1}\ln|f_e|\mathrm{d}\Omega \\
\iint_{\Omega_e} f_{xe}N_k/|f_e|\mathrm{d}\Omega & \iint_{\Omega_e} f_{xe}N_k|f_e|^{\gamma_e-1}\mathrm{d}\Omega & \iint_{\Omega_e} b_e f_{xe}N_k|f_e|^{\gamma_e-1}\ln|f_e|\mathrm{d}\Omega \\
\iint_{\Omega_e} f_{ye}N_k/|f_e|\mathrm{d}\Omega & \iint_{\Omega_e} f_{ye}N_k|f_e|^{\gamma_e-1}\mathrm{d}\Omega & \iint_{\Omega_e} b_e f_{ye}N_k|f_e|^{\gamma_e-1}\ln|f_e|\mathrm{d}\Omega \\
0 & 0 & 0 \\
0 & 0 & 0 \\
0 & 0 & 0
\end{bmatrix} \tag{4-38}$$

从第二项 $\overline{\Pi}_2$ 可以推出：

$$\nabla^2_{\Psi,\varepsilon}\overline{\Pi}_2=\sum_{n=1}^{N}\sum_{m=1}^{M_{cn}}\delta_2(n,m;r_{nm1},r_{nm2})\nabla^2_{\Psi_{e2},\varepsilon_{e2}}\overline{\Pi}_{e2} \tag{4-39}$$

其中，$\Psi_{e2}=(f_{xr_{nm1}},f_{yr_{nm1}},f_{xr_{nm2}},f_{yr_{nm2}})$ 是内边界上节点的交通流分量，$\delta_2(n,m;r_{nm1},r_{nm2})$ 是，$\varepsilon_{e2}=(\bar{u}_n,n=1,2,\cdots,N)$，而

$$\nabla^2_{\Psi_e,\varepsilon_{e2}}\overline{\Pi}_{e2}=\begin{bmatrix}-n_{x1m}\Delta\Gamma_{1m} & \cdots & -n_{xnm}\Delta\Gamma_{nm}\\ -n_{y1m}\Delta\Gamma_{1m} & \cdots & -n_{ynm}\Delta\Gamma_{nm}\\ -n_{x1m}\Delta\Gamma_{1m} & \cdots & -n_{xnm}\Delta\Gamma_{nm}\\ -n_{y1m}\Delta\Gamma_{1m} & \cdots & -n_{ynm}\Delta\Gamma_{nm}\end{bmatrix} \tag{4-40}$$

对于第三项 $\overline{\Pi}_3$，其偏移矩阵为：

$$\nabla^2_{\Psi_e,\varepsilon}\overline{\Pi}_3=0 \tag{4-41}$$

由式(4－37)、式(4－39)和式(4－41)，可以得到总偏移矩阵：

$$N_0=\nabla^2_{\Psi,\varepsilon}\overline{\Pi}=\nabla^2_{\Psi_e,\varepsilon}\overline{\Pi}_1+\nabla^2_{\Psi_e,\varepsilon}\overline{\Pi}_2+\nabla^2_{\Psi_e,\varepsilon}\overline{\Pi}_3 \tag{4-42}$$

4.5.3 应用分析

在设施位置分析中，设施的使用者数量、使用者的总的出行费用和使用者的消费者剩余是三个重要的指标。这三个指标的敏感性分析对于设施位置分析有重要的指导作用。

第 m 类出行者使用枢纽设施 O_i 的数量可以表示为：

$$Q_{mi}=\iint_{\Omega_{mi}}q_m(x,y)d\Omega,\quad m=1,2,\cdots,M\quad i=1,2,\cdots,N \tag{4-43}$$

整个城市区域中所有出行者总的出行费用(时间)是评价系统功效的

一个重要指标，用下面的公式来计算得到：

$$T = \sum_{\Omega_e} \iint_{\Omega_e} \sum_{m=1}^{M} u_{me} D(u_{me}) \mathrm{d}\Omega \tag{4-44}$$

在一些关于社会效益的评价工作中，消费者剩余是一个常用的指标，这里也可以通过下面的公式计算得到：

$$S = \sum_{\Omega_e} \iint_{\Omega_e} \sum_{m=1}^{M} \left(\int_{u_e}^{\infty} D_m(\zeta) \mathrm{d}\zeta \right) \mathrm{d}\Omega \tag{4-45}$$

一旦费用函数式(4-2)中的参数 a，b，γ 和需求函数中的参数得到确定，就可以通过敏感性分析的式(4-35)和相关指标函数的计算式(4-36)、式(4-37)、式(4-38)推导出各个指标的敏感性计算公式如下：

$$\nabla_{\varepsilon} Q_{mi}(\Psi^*, \varepsilon^*) = \frac{\partial Q_{mi}}{\partial \varepsilon} = \frac{\partial Q_{mi}(\Psi^*)}{\partial \Psi} \times \frac{\partial \Psi(\varepsilon^*)}{\partial \varepsilon} \tag{4-46}$$

$$\nabla_{\varepsilon} T(\Psi^*, \varepsilon^*) = \frac{\partial T(\Psi^*)}{\partial \Psi} \times \frac{\partial \Psi(\varepsilon^*)}{\partial \varepsilon} + \frac{\partial T(\Psi^*, \varepsilon^*)}{\partial \varepsilon} \tag{4-47}$$

$$\nabla_{\varepsilon} S(\Psi^*, \varepsilon^*) = \frac{\partial Q_n}{\partial \varepsilon} = \frac{\partial S(\Psi^*)}{\partial \Psi} \times \frac{\partial \Psi(\varepsilon^*)}{\partial \varepsilon} \tag{4-48}$$

4.6　珠江三角洲机场竞争性分析

本节将介绍一个利用连续模型的方法分析了机场间竞争性问题的应用研究实例。利用本章所建立的空间位置分析数学规划模型和模型的数值求解方法，标定了相关的参数，分析了珠江三角洲区域内(包括香港地区)的国际和国内航线旅客对不同机场选择的基本情况和降低边境通关费用后旅客选择的变化情况。模型的计算结果展示了在多个机场可供选择的区域内，航空客流的空间分布状况，研究的结果说明了连续模型用于分析这类大区域范围内实际问题的有效性。

在这项研究中，我们将珠三角地区的旅客选择机场出行的行为模型化，用数学规划模型来分析旅客的出行选择。研究的主要目的是分析4个主要机场在不同情况下所占有的市场份额和主要服务区域。根据出行实际情况，考虑了国际和国内两种不同的出行分类。

珠三角地区的有4个主要的民用机场，它们分别是香港国际机场、广州白云国际机场、深圳国际机场和珠海国际机场。图4-2是珠三角区域(分析区域)的行政区域划分情况，总共有10个市级行政区和一个特别行政区，它们分别是广州市、深圳市、珠海市、东莞市、佛山市、惠州市、江门市、清源市、肇庆市、中山市和香港特别行政区。这11个行政区划的边界作为有限元离散区域的边界，整个分析区域离散化后如图4-3所示。

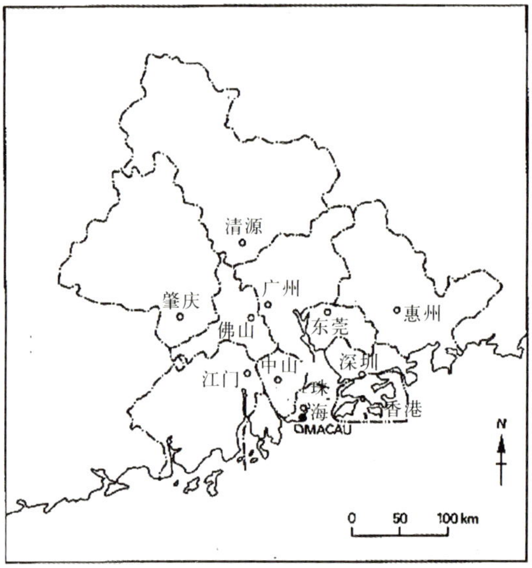

图4-2 珠江三角洲行政区划

根据连续型模型的理论，航空客流连续地分布于整个珠江三角洲区域(记为Ω)中，其出行的选择可能是4个机场(记为O_n, where $n=1, \cdots, 4$)

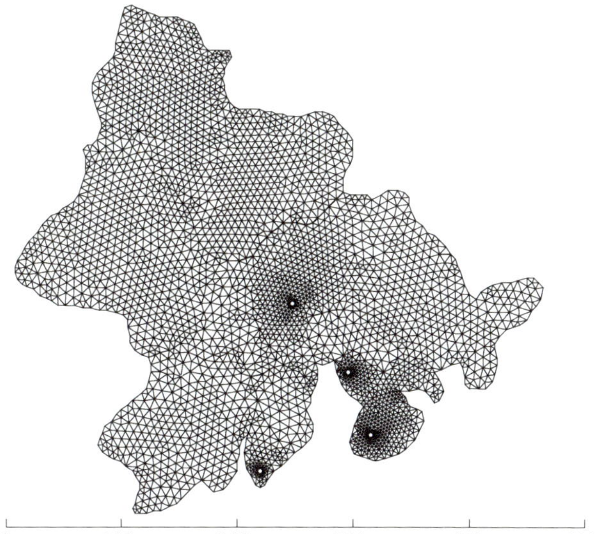

图 4-3　分析区域的有限单元划分

中的任意一个。为了简化分析，这里也同样假设没有航空客流穿越分析区域的边界，即($\mathbf{f}=\mathbf{0}$, $\forall(x, y)\in\Gamma$)。这样，分析区域内总的航空出行需求量就等同于 4 个机场总的吸引量。

研究中所用到的 4 个机场的国际和国内旅客量的基础数据分别来源于香港民航管理处(Civil Aviation Department)2002 年的统计数据、2000 年的中国交通年鉴和 2002 年的 Chinainfobank 提供的统计数据。根据香港统计处公布的数据，2001 年有大约 60 万大陆居民通过边境，在香港机场搭乘国际航班；而根据星岛日报的调查，2001 年大约有 43 万香港居民通过边境后在内地的 3 个机场搭乘国内航班，考虑到非香港永久居民，这一数字将达到 130 万。交通出行需求与各行政区域的人口基数和经济指标相关，为了方便处理，假设出行需求平均分配于各行政区域中。

分析模型中的综合出行费用函数由两部分组成：机场服务水平(LOS)属性和地面交通费用函数。对于地面交通费用函数，连续型模型中一般都

采用 $c=a+b|\mathbf{f}|^{\gamma}$ 的函数形式。其中，参数 a 表示自由流交通状况下的出行费用，$b|\mathbf{f}|^{\gamma}$ 部分则是反映了交通拥阻效应。本研究中使用的地面交通费用函数有两个，分别用于内地和香港地区。其中，参数 a 是分别根据 2002 年 4 月时，广州和香港地区从市区到机场的公共交通费用来决定的。而交通拥阻的影响在不同的交通系统中是类似的，因而两个函数的交通拥阻部分采用相同的形式。连续模型中采用的地面交通费用函数分别表示如下：

内地：$c=2.042+1.178\times10^{-5}|\mathbf{f}|$

香港：$c=2.363+1.178\times10^{-5}|\mathbf{f}|$

另外，在本研究中必须考虑边界海关对航空客流的影响。在模型中，以边界地区的一个交通阻抗加大的假想区域来模拟这一影响。这一区域的交通费用函数通过调查通关时间和相应的交通费用来标定。分析模型中采用交通费用函数如下：

$$c=6.800+6.155\times10^{-3}|\mathbf{f}|$$

模型中用 $\bar{u}_n$ 来表示机场服务水平属性。票价是影响机场吸引客流的最重要的因素，而本研究中的机场服务水平属性实际上是表征机场吸引客流的能力的不同。因而，机场服务水平属性实际上可由比较机场票价的方法来决定。通过比较 4 个机场到达相同的国际和国内机场的机票价格，同时也考虑了实际可能得到折扣和跨地区获取机票的而外费用，我们得到了 4 个机场不同类型航线的平均机票价格，如表 4－1 所列。

表 4－1　4 个机场的平均机票价格

机　场	国际航线	国内航线
香　港	$2 575	$540
广　州	$2 790	$427
深　圳	$3 887	$451
珠　海	$3 679	$452

可以看到，香港机场国际航线的机票价格低于内地的 3 个国际机场，是最有吸引力的；而内地 3 个机场国内航线的机票价格都低于香港机场，对香港居民有吸引力。这就是国际航空客流从内地流向香港，而国内航空客流从香港流向内地的原因。在本研究中，我们以上表所列的机票平均价格作为机场服务水平属性值。

在确定了连续模型需要的各函数的参数后，可以运用数值算法解算数学规划模型，得到出行需求量、交通流分布和等势费用分布。表 4－2 是通过运用连续模型方法估计的 11 个行政区划中产生的国际和国内航空出行需求。

表 4－2　估计的全年国内和国际航空客流量

城　市	国际旅客	国内旅客
广　州	271 191	3 673 394
深　圳	164 018	2 221 687
珠　海	48 629	658 707
惠　州	107 562	1 456 975
东　莞	59 382	804 356
中　山	52 011	704 508
江　门	148 872	2 016 536
佛　山	129 498	1 754 107
肇　庆	150 279	2 035 587
清　远	149 393	2 023 596
香　港	26 362 132	7 392 114
总　计	27 642 967	24 741 565

表 4－3 是各机场市场份额的分析结果和 2000 年各机场实际吸引的客流量。图 4－3(a)和图 4－3(c)是国际和国内旅客的客流出行图；图4－3(b)

和图 4-3(d)是国际和国内旅客的出行费用等势图。

表 4-3　各机场的市场份额分析结果

(a) 国际出行

机　场	估计需求（旅客数/年）	估计市场份额	2000 实际需求（旅客数/年）	2000 实际市场份额
香　港	26 971 302	97.6%	24 507 227	97.5%
深　圳	0	0.0	53 149	0.2%
珠　海	0	0.0	0	0.0
广　州	671 665	2.4%	549 186	2.3%
估计大陆从香港过境的客流量=609 170 旅客数/年				

(b) 国内出行

机　场	估计需求（旅客数/年）	估计市场份额	2000 实际需求（旅客数/年）	2000 实际市场份额
香　港	5 618 463	22.7%	5 091 505	22.8%
深　圳	5 467 913	22.1%	5 193 130	25.7%
珠　海	2 661 705	10.7%	578 518	2.3%
广　州	10 993 485	44.4%	11 350 162	49.2%
估计从香港入境后使用内地机场的客流量=1 773 651 旅客数/年				

比较模型估计的结果和 4 个机场的实际的情况可以发现，模型很好地模拟了客流的实际分配的情况，模型的解算结果说明了连续型模型分析多个公共交通设施的选择问题的有效性。从表 4-3 可以发现，模型分析国际出行的精度高于国内出行的精度，这可能是因为国内航线的机票价格的差异小于国际航线的机票价格差异。在价格差异较小的情况下，航班的频率、机票获取的难易等情况就会成为决定机场服务水平属性的重要因素(Bradley，1998；Rubin 和 Fagan，1976)。在我们的模型中，设施费用属性部分 $\bar{u}_n = \sum_{k=1}^{K} w_k p_k^n$ 实际上已经为分析更多的影响因素提供了可能。

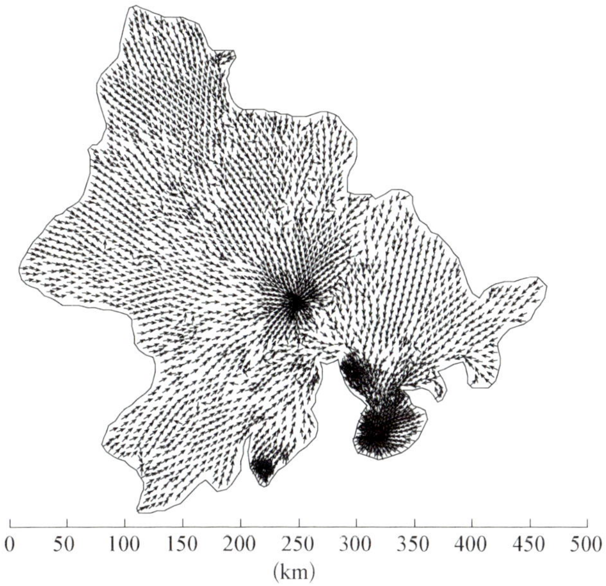
0
50
100
150
200
250
300
350
400
450
500
(km)

图 4－3(a)

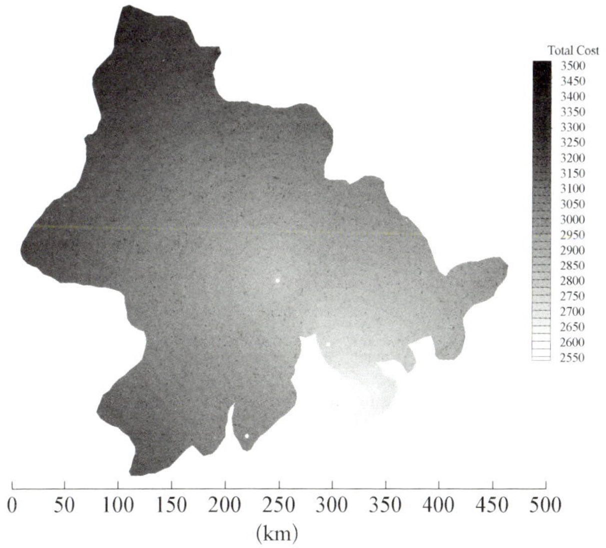
Total Cost
3500
3450
3400
3350
3300
3250
3200
3150
3100
3050
3000
2950
2900
2850
2800
2750
2700
2650
2600
2550
0
50
100
150
200
250
300
350
400
450
500
(km)

图 4－3(b)

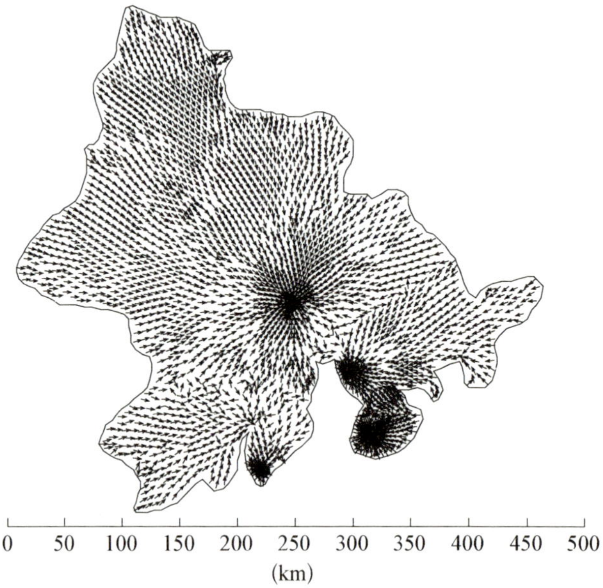
0
50
100
150
200
250
300
350
400
450
500
(km)

图 4-3(c)

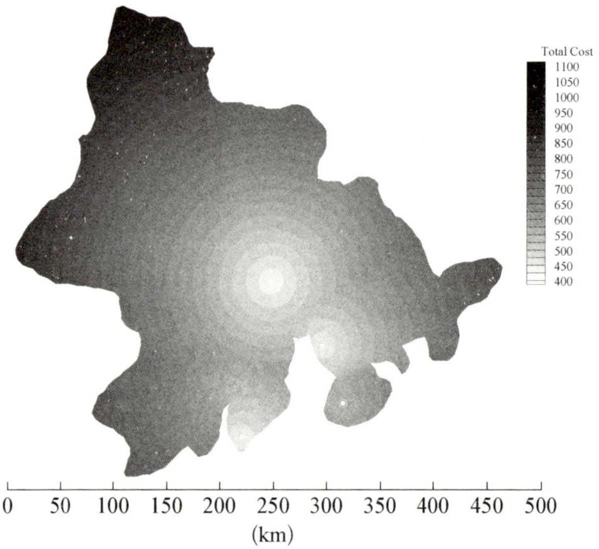
Total Cost
1100
1050
1000
950
900
850
800
750
700
650
600
550
500
450
400
0
50
100
150
200
250
300
350
400
450
500
(km)

图 4-3(d)

模型的分析结果也反映了确定了各个设施吸引力后的一个空间 OD 分布结果。这种反演 OD 的方法需要的基础数据少，而分配的结果与实际情况很接近，在大范围的区域分析中是可行的、有效的。

利用连续模型，我们不仅可以模拟现实的情况，还可以预测一些政策或措施采取后航空客流市场份额的变化情况。这里，我们利用连续模型来分析通关费用发生变化后的航空客流市场份额。

从罗湖海关到达香港市区的火车的票价比香港其他轨道交通的票价高很多，原因是香港特区政府利用九广铁路征收了相当于离境税一样的费用，以限制人员的流动。在香港和内地交流日益频繁的今天，这部分增加的费用越来越不符合经济发展的需求，同时在政治方面也面临着很大的压力。因而，这部分增加的费用很有可能在不久的将来被取消。这样，通关的费用就会发生较大的变化。

为了分析通关费用变化带来的影响，我们将边界上交通阻抗加大的假想区域的交通费用函数调整为：

$$c = 3.6 + 6.155 \times 10^{-3} \mid \mathbf{f} \mid$$

同样利用本章讨论的数值解法，可以得到通关费用变化后的航空客流的市场份额，如表 4 - 4 所列。

表 4 - 4 通关费用变化后的分析结果

(a) 国际出行

机 场	估计的需求量（旅客数/年）	百分比变化	估计的市场份额
香 港	27 029 758	+0.2%	97.8%
深 圳	0	0.0	0.0
珠 海	0	0.0	0.0
广 州	613 209	−8.8%	2.2%
估计大陆从香港过境的客流量=667 626 旅客数/年			

(b) 国内出行

机　场	估计的需求量（旅客数/年）	百分比变化	估计的市场份额
香　港	4 854 991	−13.6%	19.6%
深　圳	6 281 105	+14.9%	25.4%
珠　海	2 855 289	+7.3%	11.5%
广　州	10 750 180	−2.2%	43.6%
估计从香港入境后使用内地机场的客流量=2 537 122 旅客数/年			

从计算结果可以看到，通关费用变化后，国际航线的客流分配变化并不明显，但国内航线的客流分配变化就十分显著。香港机场的国内航线旅客下降十分显著，深圳机场和珠海机场的国内航线旅客增加显著，而广州机场的国内航线旅客没有很大变化。

4.7 本章小结

本章在二维连续空间假设的基础上，建立了满足用户平衡条件和出行选择行为的多类型出行者确定型连续平衡分配模型；并以有限元方法为基础，提出了牛顿迭代算法来求解模型的数值解。本章所建立的模型及解算方法也为大范围区域分析中的 OD 数据估计提供了一种新的方法。另外，本章还讨论了连续模型的敏感性分析问题，提出了敏感性分析的方法和求解公式。利用所建立的数学规划模型，我们可以估计大型交通公用设施的市场份额，分析相关因数的影响。本章最后以珠三角地区 4 个国际机场客流分配分析的研究为实例，说明了数学规划模型和求解方法的有效性。

参考文献

[1] Hotelling, Harold. Stability in Competition[J]. Economics Journal, 1929, 39: 41 - 57.

[2] Lerner, Abba P, Singer H W. Some Notes on Duopoly and Spatial Competition [J]. Journal of Political Economy, 1937, 45: 145 - 186.

[3] Drezner, Tammy, Zvi Drezner. Facilities Location: A Survey of Applications and Methods[M]. Berlin: Springer-Verlag, 1995.

[4] Miller, Tan C, Terry L, et al. Tobin, Equilibrium Facility Location on Networks[M]. Berlin: Springer-Verlag, 1996.

[5] Yang H, Wong S C. A continuous equilibrium model for estimating market areas by competitive facilities with elastic demand and market externality [J]. Transportation Science 34, 2000: 216 - 227.

[6] Wong S C, Yang H. Determining Market Areas Captured By competitive Facilities: A Continuous Equilibrium Modeling Approach [J]. Journal of Regional Science 39, 1999.

[7] Okabe, Atsuyuki, Barry Boots, et al, Spatial Tessellations-Concepts and Applications of Voronai Diagrams[M]. Chichester: John Wiley & Sons, 1992.

[8] Huff, David. Defining and Estimating a Trading Area[J]. Journal of Marketing, 1964, 28: 34 - 38.

[9] Vaughan R J. Urban Spatial Traffic Patterns[M]. Pion: London, 1987.

[10] Boyce D E, Daskin M S. Urban Transportation[M]// in C. Revelle and A. McGarity (eds.), Chapter 7, Design and Operation of Civil and Environmental Engineering Systems, New York, Wiley, 1997: 277 - 341.

[11] Zienkiewicz O C, Taylor R L. The Finite Element Method[M]. McGraw-Hill International Editions, 1989.

[12] Fernandez L J E, Freisz T L. Equilibrium Predictions in Transportation Markets: The State of the Art [J]. Transportation Research 17B, 1983: 155 - 172.

[13] Stewart Fotheringham A, Michael Wegener. Spatial models and GIS: new potential and new models [M]. London; Philadelphia, Pa. : Taylor and Francis, 2000.

[14] Paul Longley, Michael Batty. Spatial analysis: modeling in a GIS environment[R]. Cambridge: GeoInformation International, 1996.

[15] Hai Yang. Sensitivity Analysis for the Elastic-Demand Network Equilibrium Problem with Applications[J]. Transportation Research Part B Vol. 31 No. 1, pp. 55 - 70, 199.

[16] Tobin R L, Friesz T L. Sensitivity analysis for equilibrium network flows[J]. Transportation Science 22, 1988: 242 - 250.

[17] Wong S C, Du Y C, Ho H W, et al. Sensitivity Analysis For A Continuum Traffic Equilibrium Problem[J]. Annals of Regional Science, 2006, 40(3): 493 - 514.

[18] 杜豫川,孙立军,黄仕进.运用连续平衡分配模型分析竞争性公共交通枢纽设施的市场份额.中国公路学报,2004,17(3): 102 - 107.

第5章

连续/离散混合型交通分配模型

考察城市交通网络系统的特征时可以发现,大多数大城市的交通网络都是由快速道路(高速公路)网和区域道路网组成的。在这种交通网络系统中,典型的出行方式是由区域道路进入就近的快速道路入口(匝道),然后通过快速路网,到达另一出口,再利用区域道路到达目的地。对于这类城市交通系统的交通分配问题,单纯地采用离散型或是连续型模型都不能很好地解决这一问题。针对这一问题,一些学者相继进行了这方面的研究工作。H. Yang 等[1]最早提出了基于连续模型的混合体系模型,并尝试了有限元的数值解算方法。其后,S. C. Wong 等人[2-6]做了很多后续的研究工作。

5.1 城市交通网络

5.1.1 混合体系

本章研究的城市交通网络可以抽象混合体系,如图 5-1 所示。这样的城市交通网络中,有多个密集的城市中心区、与城市中心区连通的快速道路网和广泛分布的区域道路网。为了便于模型的表述,将城市

连续区域记为 Ω，城市区域的外部边界记为 Γ；城市中心区记做 $O(O_m, m=1, 2, \cdots, M)$，其边界记为 Γ_m^c；图 5-1(b)中抽离出来的快速道路网记为集合 $G(S, A)$，其中 A 为快速路网的路段集合，$a_k \in A$。快速道路网的主要匝道入口集合为 $S=(s_n, n=1, 2, \cdots, N)$，匝道入口边界记为 Γ_n^c。

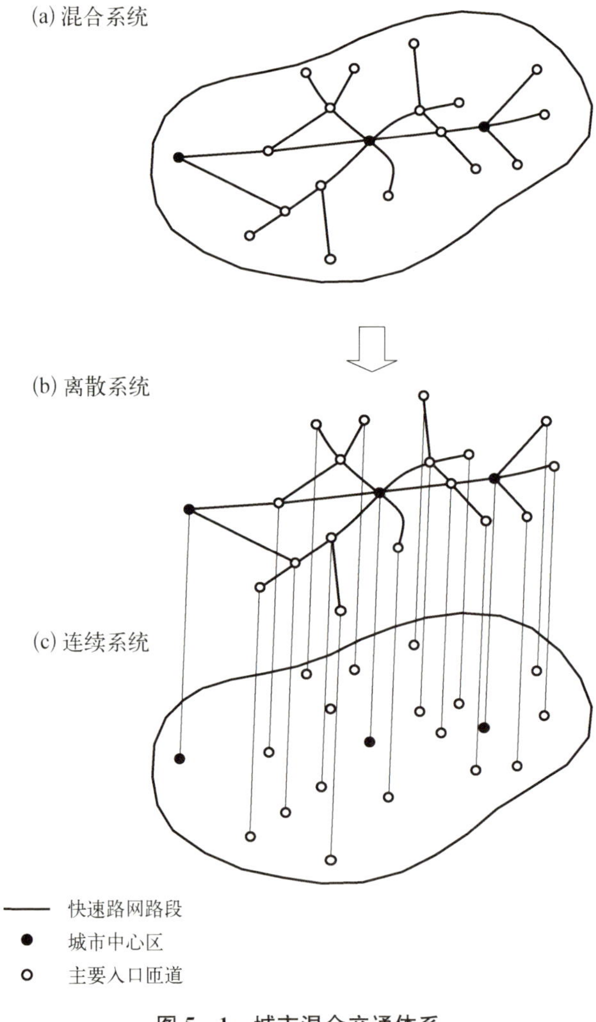

图 5-1　城市混合交通体系

在本书第 2、3 章和第 4 章中，对于离散和连续体系交通网络特征的假设以做了较为详细的说明，下面是混合体系的一些交通网络特征的假设和函数表示。

5.1.2　弹性交通需求函数

在城市连续区域中，使用弹性交通需求函数来确定交通出行量。从城市连续区域 Ω 中的任意点 (x, y) 到城市中心区 $O_m(m=1, 2, \cdots, M)$ 的弹性交通需求函数可表示为

$$q_m(x, y) = D_m(u_m(x, y), x, y) \tag{5-1}$$

式中：$u_m(x, y)$ ——从城市连续区域 Ω 中任意点 (x, y) 到城市中心 O_m 的出行路阻；

$q_m(x, y)$ ——从城市连续区域 Ω 中任意点 (x, y) 到城市中心 O_m 的交通需求量。

5.1.3　交通流函数

城市连续区域 Ω 中交通流可以用各点 (x, y) 的交通流向量来表示，记作 $\mathbf{f}=(\mathbf{f}_m, m=1, 2, \cdots, M)$，$\mathbf{f}_m(x, y)=(f_{xm}(x, y), f_{ym}(x, y))$，这里的 $f_{xm}(x, y)$，$f_{ym}(x, y)$ 表示交通流向量 $f_m(x, y)$ 在 x 和 y 方向上的投影。交通流向量的方向代表了该点交通流的移动方向，而交通流向量的密度为：

$$|\mathbf{f}_m(x, y)| = \sqrt{f_{xm}(x, y)^2 + f_{ym}(x, y)^2} \tag{5-2}$$

在离散快速路网中，路段 a_k 上的交通流量表示为 v_{a_k}，交通流量的方向与路段 a_k 方向一致。

5.1.4　路阻函数

在离散的快速路网 G 中，路段 a_k 上的路阻采用美国联邦公路局(BPR)

推荐的非线性路段阻抗函数来计算：

$$t_a(v_a)=t_{a0}\left\{1+\alpha\left(\frac{v_a}{c_a}\right)^{\beta}\right\} \tag{5-3}$$

式中，t_{a_k0} ——路段 a_k 上的自由行程时间；

v_{a_k} ——路段 a_k 上的交通流量；

c_{a_k} ——路段 a_k 的通行能力；

α、β——相关参数。

而在城市连续区域 Ω 中，出行的路阻可以用下式表示为：

$$c(x, y, \mathbf{f})=\alpha(x, y)+\beta(x, y)\left(\sum_{m=1}^{M}|\mathbf{f}_m(x, y)|\right)^{\gamma(x, y)} \tag{5-4}$$

其中的参数 α、β 和 γ 都是严格的正值函数。参数 α、β 反映当地的路网状况，需要通过调查进行标定。参数 γ 则反映了交通路阻相对于交通流密度的敏感程度，当 $\gamma=1$ 时，式(5-4)就简化为线性关系。

5.1.5 流量守恒原理

在城市连续区域中，交通流和交通需求必须满足流量守恒原理。根据流体力学中的连续流公式 $\nabla v=q(x)$，我们可以得到城市连续区域 Ω 中交通流和交通需求的流量守恒公式：

$$\nabla\mathbf{f}_m(x, y)+q_m(x, y)=0, \quad \forall(x, y)\in\Omega, m=1, 2, \cdots, M \tag{5-5}$$

根据交通量守恒原理，利用相关边界上的交通流量，可以确定离散的快速路网上的交通 OD。对于通过主要入口匝道 S_n 进入快速道路网络，达到城市中心区域 O_m 的交通量可以表示为：

$$Q_{im}=-\oint_{\Gamma_i^c}\mathbf{f}_m\cdot\mathbf{n}\mathrm{d}\Gamma, \quad i\in S, m=1, 2, \cdots, M \tag{5-6}$$

对于通过城市连续区域 Ω 直接进入城市中心区 O_m，或通过城市中心区 O_n 进入快速道路网络到达城市中心区域 O_m 的交通量，可以表示为

$$Q_{im} = -\oint_{\Gamma_i^c} \mathbf{f}_m \cdot \mathbf{n} \mathrm{d}\Gamma, \quad i \in O, m = 1, 2, \cdots, M \tag{5-7}$$

为了简化模型，假设在城市的边缘上并没有交通需求产生和交通流流入、流出，即

$$f_m = 0, \qquad \text{on} \quad \Gamma \tag{5-8}$$

5.2　数学规划模型

5.2.1　混合体系模型

图 5-1 所示的城市混合交通体系中的平衡配流问题，可以采用下面的数学规划模型来表示：

$$\begin{aligned} \underset{f, h}{\text{Minimize}} \theta(f, h) = & \iint_{\Omega} \left\{ \alpha \sum_{m=1}^{M} | \mathbf{f}_m | + \frac{\beta}{\gamma+1} \left(\sum_{m=1}^{M} | \mathbf{f}_m | \right)^{\gamma} \right. \\ & \left. - \sum_{m=1}^{M} \int_0^{q_m} D_m^{-1}(\xi) \mathrm{d}\xi \mathrm{d}\Omega \right\} + \sum_{a \in A} \int_0^{v_a} t_a(z) \mathrm{d}z \end{aligned} \tag{5-9a}$$

s. t

$$\nabla \mathbf{f}_m + q_m = 0, \quad (x, y) \in \Omega, m = 1, 2, \cdots, M, \tag{5-9b}$$

$$\mathbf{f}_m \cdot \mathbf{n} = 0, \quad (x, y) \in \Gamma, m = 1, 2, \cdots, M, \tag{5-9c}$$

$$\sum_{k \in K_{sm}} h_k^{im} = Q_{im}, \quad i \in S \cup O, m \in O, \tag{5-9d}$$

$$h_k^{sm} \geqslant 0, \quad i \in S \cup O, m \in O, \tag{5-9e}$$

$$\oint_{\Gamma_c^i} \mathbf{f}_m \cdot \mathbf{n} \mathrm{d}s = -Q_{im}, \quad i \in S \cup O, \tag{5-9f}$$

$$\sum_{m=1}^{M} \sum_{i \in S \cup O, } \sum_{k \in K_m} h_k^{im} \cdot \delta_{a,k}^{im} = v_a, \ a \in A. \tag{5-9g}$$

式中：K_{im} ——从主要匝道入口 $s(s \in S)$ 或城市中心区 $O_m(O_m \in O)$ 到达城市中心区 $O_n(O_n \in O)$ 的所有可行路径；

h_k^{im} ——从主要匝道入口 $s(s \in S)$ 或城市中心区 $O_m(O_m \in O)$ 到达城市中心区 $O_n(O_n \in O)$ 的可行路径 k 上的路径流量。

数学规划模型式(5－9)又可以重写为固定点问题(FIX POINT PROBLEM)的模型形式，即将混合体系的连续部分和离散部分分开，变成边界条件固定的单一体系的平衡配流问题。这样，模型就可以运用前面章节的方法来证明平衡等价条件和求解。下面将详细讨论固定点问题的模型和证明平衡等价条件。

5.2.2 连续体系部分

在连续城市区域内，用户平衡状态下的交通分配问题可以用下面的数学规划模型(P1)来表示：

$$\begin{aligned} \underset{\mathbf{f}}{\text{Minimize}}\ Z(\mathbf{f}) = & \sum_{m=1}^{M} \sum_{i=1}^{N+M} U_{im} Q_{im} \\ & + \iint_{\Omega} \left\{ \alpha \sum_{m=1}^{M} |\mathbf{f}_m| + \frac{\beta}{\gamma+1} \left(\sum_{m=1}^{M} |\mathbf{f}_m| \right)^{\gamma+1} \right. \\ & \left. - \iint_{\Omega} \sum_{m=1}^{M} \int_0^{q_m} D_m^{-1}(\omega) \mathrm{d}\omega \right\} \mathrm{d}\Omega \end{aligned} \tag{5-10a}$$

s. t.

$$\nabla \cdot \mathbf{f}_m + q_m = 0, \quad \forall (x, y) \in \Omega, \ m = 1, 2, \cdots, M, \tag{5-10b}$$

$$\mathbf{f}_m = \mathbf{0}, \quad \forall (x, y) \in \Gamma, \ m = 1, 2, \cdots, M, \tag{5-10c}$$

$$\oint_{\Gamma_i^c} \mathbf{f}_m \cdot \mathbf{n}\,\mathrm{d}\Gamma + Q_{im} = 0, \quad i \in S \cup O,\ m = 1, 2, \cdots, M. \tag{5-10d}$$

考虑下面的 Lagrange 辅助函数，

$$\begin{aligned}\Pi = &\sum_{m=1}^{M}\sum_{n=1}^{M+N} U_{im} Q_{im} + \iint_{\Omega}\left\{\alpha \sum_{m=1}^{M} |\mathbf{f}_m| + \frac{\beta}{\gamma+1}\left(\sum_{m=1}^{M} |\mathbf{f}_m|\right)^{\gamma+1}\right. \\ &\left. - \iint_{\Omega}\sum_{m=1}^{M}\int_0^{q_m} D_m^{-1}(\omega)\,\mathrm{d}\omega + \sum_{m=1}^{M} u_m(\nabla \cdot \mathbf{f}_m + q_m)\right\}\mathrm{d}\Omega \\ &+ \sum_{m=1}^{M}\int_{\tilde{\Gamma}_m} \mathbf{w}_m \cdot \mathbf{f}_m\,\mathrm{d}\Gamma + \sum_{m=1}^{M}\sum_{n=1}^{N}\pi_{mn}\left(\oint_{\Gamma_{mn}^c} \mathbf{f}_m \cdot \mathbf{n}\,\mathrm{d}\Gamma + Q_{mn}\right),\end{aligned} \tag{5-11}$$

其中，$u_m(x, y)$，$\mathbf{w}_m(x, y) = (w_{xm}(x, y), w_{ym}(x, y))$，和 π_{mn} 是与约束条件式(5-10b)、式(5-10c)和式(5-10d)相对应的 Lagrange 乘子。

利用变分原理(Variational Principle)，可以很容易地得出：

$$\begin{aligned}\delta\Pi = &\iint_{\Omega}\left\{\sum_{m=1}^{M}\left(\alpha + \beta\left(\sum_{r=1}^{M} |\mathbf{f}_r|\right)^{\gamma}\right)\frac{1}{|\mathbf{f}_m|}\mathbf{f}_m \cdot \delta\mathbf{f}_m - \sum_{m=1}^{M} D_m^{-1}(q_m)\delta q_m\right. \\ &\left. + \sum_{m=1}^{M} u_m(\nabla \cdot \delta\mathbf{f}_m + \delta q_m) + \sum_{m=1}^{M}\delta u_m(\nabla \cdot \mathbf{f}_m + q_m)\right\}\mathrm{d}\Omega \\ &+ \sum_{m=1}^{M}\sum_{i=1}^{M+N} U_{im}\delta Q_{im} + \sum_{m=1}^{M}\int_{\tilde{\Gamma}_m}(\mathbf{w}_m \cdot \delta\mathbf{f}_m + \delta\mathbf{w}_m \cdot \mathbf{f}_m)\,\mathrm{d}\Gamma \\ &+ \sum_{m=1}^{M}\sum_{i=1}^{M+N}\delta\pi_{im}\left(\oint_{\Gamma_{mn}^c}\mathbf{f}_m \cdot \mathbf{n}\,\mathrm{d}\Gamma + Q_{im}\right) \\ &+ \sum_{m=1}^{M}\sum_{i=1}^{M+N}\pi_{im}\left(\oint_{\Gamma_{mn}^c}\delta\mathbf{f}_m \cdot \mathbf{n}\,\mathrm{d}\Gamma + \delta Q_{im}\right).\end{aligned} \tag{5-12}$$

将 $\nabla \cdot (u_m \delta\mathbf{f}_m) = \nabla u_m \cdot \delta\mathbf{f}_m + u_m \nabla \cdot \delta\mathbf{f}_m$ 代入式(5-12)，可以得到：

$$\begin{aligned}\delta\Pi = &\iint_{\Omega}\left\{\sum_{m=1}^{M}\left(\alpha + \beta\left(\sum_{r=1}^{M} |\mathbf{f}_r|\right)^{\gamma}\right)\frac{1}{|\mathbf{f}_m|}\mathbf{f}_m \cdot \delta\mathbf{f}_m - \sum_{m=1}^{M} D_m^{-1}(q_m)\delta q_m\right. \\ &+ \sum_{m=1}^{M}\nabla(u_m\delta\mathbf{f}_m) - \sum_{m=1}^{M}\nabla u_m\delta\mathbf{f}_m + \sum_{m=1}^{M} u_m\delta q_m\end{aligned}$$

$$+\sum_{m=1}^{M}\delta u_m\left(\nabla\mathbf{f}_m+q_m\right)\Big\}\mathrm{d}\Omega$$

$$+\sum_{m=1}^{M}\sum_{i=1}^{M+N}U_{im}\delta Q_{im}+\sum_{m=1}^{M}\int_{\tilde{\Gamma}_m}(\mathbf{w}_m\delta\,\mathbf{f}_m+\delta\,\mathbf{w}_m\,\mathbf{f}_m)\mathrm{d}\Gamma$$

$$+\sum_{m=1}^{M}\sum_{i=1}^{M+N}\delta\pi_{im}\left(\oint_{\Gamma_{mn}^{c}}\mathbf{f}_m\cdot\mathbf{n}\mathrm{d}\Gamma+Q_{im}\right)$$

$$+\sum_{m=1}^{M}\sum_{i=1}^{M+N}\pi_{im}\left(\oint_{\Gamma_{mn}^{c}}\delta\,\mathbf{f}_m\cdot\mathbf{n}\mathrm{d}\Gamma+\delta Q_{im}\right).\tag{5-13}$$

利用高斯积分定理(Gauss's integral theorem),

$$\iint_{\Omega}\nabla\cdot(u_m\delta\,\mathbf{f}_m)\mathrm{d}\Omega$$

$$=\int_{\tilde{\Gamma}_m}u_m(\delta\,\mathbf{f}_m\cdot\mathbf{n})\mathrm{d}\Gamma+\sum_{m=1}^{m}\sum_{n=1}^{N}\oint_{\Gamma_{mn}^{c}}u_m(\delta\,\mathbf{f}_m\cdot\mathbf{n})\mathrm{d}\Gamma,\tag{5-14}$$

可以将式(5-13)变为:

$$\delta\Pi=\iint_{\Omega}\left\{\sum_{m=1}^{M}\left(\alpha+\beta\left(\sum_{r=1}^{M}|\,\mathbf{f}_r\,|\right)^{\gamma}\right)\frac{1}{|\,\mathbf{f}_m\,|}\mathbf{f}_m-\nabla u_m\right\}\cdot\delta\,\mathbf{f}_m\mathrm{d}\Omega$$

$$+\iint_{\Omega}\sum_{m=1}^{M}(u_m-D_m^{-1}(q_m))\delta q_m\mathrm{d}\Omega+\iint_{\Omega}\sum_{m=1}^{M}(\nabla\,\mathbf{f}_m+q_m)\delta u_m\mathrm{d}\Omega$$

$$+\sum_{m=1}^{M}\int_{\tilde{\Gamma}_m}\mathbf{f}_m\cdot\delta\,\mathbf{w}_m\mathrm{d}\Gamma+\sum_{m=1}^{M}\sum_{i=1}^{M+N}\left(\oint_{\Gamma_{mn}^{c}}\mathbf{f}_m\cdot\mathbf{n}\mathrm{d}\Gamma+Q_{im}\right)\delta\pi_{im}$$

$$+\sum_{m=1}^{M}\sum_{i=1}^{M+N}(U_{im}+\pi_{im})\delta Q_{im}+\sum_{m=1}^{M}\sum_{i=1}^{M+N}\oint_{\Gamma_{mn}^{c}}(u_m+\pi_{im})\delta\mathbf{f}_m\cdot\mathbf{n}\mathrm{d}\Gamma$$

$$+\sum_{m=1}^{M}\int_{\tilde{\Gamma}_m}(u_m\mathbf{n}+\mathbf{w}_m)\cdot\delta\,\mathbf{f}_m\mathrm{d}\Gamma\tag{5-15}$$

因为 $\delta\,\mathbf{f}_m$, δq_m, δu_m, $\delta\,\mathbf{w}_m$, δQ_{im} 和 $\delta\,\pi_{im}$, $i\in S\cup O$, $m=1, 2, \cdots, M$ 在连续城市区域 Ω 都是任意的函数,而 $\delta\mathbf{f}_m$ 在边界 Γ 和 Γ_i^c, $i\in S\cup O$ 上为零。由 Lagrange 辅助函数的驻点条件的要求,可以得到:

$$\left(\alpha+\beta\left(\sum_{r=1}^{M}|\,\mathbf{f}_r\,|\right)^{\gamma}\right)\frac{\mathbf{f}_m}{|\,\mathbf{f}_m\,|}-\nabla u_m=\mathbf{0},\forall(x, y)\in\Omega, m=1, 2, \cdots, M,\tag{5-16}$$

$$u_m = D_m^{-1}(q_m) \quad \text{or} \quad q_m = D(u_m), \qquad \forall (x, y) \in \Omega, m = 1, 2, \cdots, M, \tag{5-17}$$

$$\nabla \mathbf{f}_m + q_m = 0, \qquad \forall (x, y) \in \Omega, m = 1, 2, \cdots, M, \tag{5-18}$$

$$\mathbf{f}_m = \mathbf{0}, \qquad \forall (x, y) \in \tilde{\Gamma}_m, m = 1, 2, \cdots, M, \tag{5-19}$$

$$\oint_{\Gamma_i^c} \mathbf{f}_m \cdot \mathbf{n} \mathrm{d}\Gamma + Q_{im} = 0, i \in S \cup O, m = 1, 2, \cdots, M, \tag{5-20}$$

$$U_{im} + \pi_{im} = 0, \qquad i \in S \cup O, m = 1, 2, \cdots, M, \tag{5-21}$$

$$u_m + \pi_{im} = 0, \qquad \forall (x, y) \in \Gamma_i^c, i \in S \cup O, m = 1, 2, \cdots, M. \tag{5-22}$$

从式(5－21)和式(5－22)中,可以得出：$u_m = U_{im}$，$\forall (x, y) \in \Gamma_i^c$，$i \in S \cup O$, $m = 1, 2, \cdots, M$。式(5－17)和式(5－18)满足了交通需求函数和流量守恒关系。而从式(5－16)中可以看到,到达第 m 个城市中心区的交通流向量 f_m 平行于 Lagrange 乘子 u_m 的梯度函数,即 $\mathbf{f}_m \parallel \nabla u_m$，$m = 1, 2, \cdots, M$; 还可以进一步得出：

$$c = \alpha + \beta \left(\sum_{r=1}^{M} | \mathbf{f}_r | \right)^{\gamma} = | \nabla u_m | \tag{5-23}$$

利用上述等价条件,可以证明模型满足用户平衡条件。对于位于 H 点的每一个出行者,从经过匝道入口或城市中心区 i, $i \in S \cup O$, 到达城市中心区 O_m 的任意可用路径 p 的出行费用可以表示为：

$$\begin{aligned} C_{imp} &= U_{im} + \int_p c \, \mathrm{d}s \\ &= U_{im} + \int_p | \nabla u_m | \, \mathrm{d}s \\ &= U_{im} + \int_p \nabla u_m \mathbf{ds} \\ &= U_{im} + u_m(\mathbf{H}) - u_m(\mathbf{O}_m) \\ &= u_m(\mathbf{H}) \end{aligned} \tag{5-24}$$

当经过的城市中心区 i 就是到达的城市中心区 O_m 时，即表示交通流没有经过城市快速干道，而经由连续区域直接进入了城市中心区。从式(5－25)可以看出，出行费用与选择的路径和选择进入快速交通干道的入口无关。也就是说，从 H 点到城市中心区 O_m 的所有选用路径的交通出行费用是相等的。

而对于从 H 点到城市中心区 O_m 的没有被选用的路径 $\tilde{p}$，交通出行的总费用为：

$$\begin{aligned} C_{mnp} &= U_{mn} + \int_{\tilde{p}} c\,\mathrm{d}s \\ &= U_{mn} + \int_{\tilde{p}} |\nabla u_m|\,\mathrm{d}s \\ &\geqslant U_{mn} + \int_{\tilde{p}} \nabla u_m \mathbf{ds} \\ &= U_{mn} + u_m(\mathbf{H}) - u_m(\mathbf{O}_m) \\ &= u_m(\mathbf{H}) \end{aligned} \tag{5-25}$$

上述的不等式表明，从 H 点到城市中心区 O_m 的任意被选用路径 p 的出行费用小于等于没有被选用路径 $\tilde{p}$ 的出行费用。在 $\mathbf{U}=(U_{im},\ i\in S\cup O,\ m=1,\ 2,\ \cdots,\ M)$ 表示离散网络中的平衡配流状况下的交通出行费用的条件下，连续系统中的交通流是满足 Wardrop 的用户平衡条件的；而与交通流守恒条件对应的 Lagrange 乘子则表示了离散网络中的交通出行总费用。

数学规划模型(P1)可以被重写为下面的简单形式：

$$\mathbf{Q}=\mathbf{F}(\mathbf{U}) \tag{5-26}$$

在离散快速路网中，在各入口匝道和城市中心区的出行费用都是确定的情况下，数学规划模型(P1)就可以求解出各入口匝道和城市中心区吸引进入的交通量，这个交通量就可以作为离散快速路网中平衡配流的 OD 矩阵。

5.2.3　离散体系部分

在离散快速路网中的交通分配的用户平衡问题可以用下面的数学规划模型(P2)来解决：

$$\underset{\mathbf{v}}{\text{Minimize}}\ \bar{Z}(\mathbf{v}) = \sum_{a\in A}\int_0^{v_a}\bar{c}_a(\omega)\mathrm{d}\omega = \sum_{a\in A}\bar{\alpha}_a v_a + \frac{\bar{\beta}_a}{\bar{\gamma}+1}v_a^{\bar{\gamma}+1}, \tag{5-27a}$$

s. t.

$$Q_{im} = \sum_{p\in P_{mn}} h_{imp},\quad i\in S\cup O,\ m=1,\ 2,\ \cdots,\ M, \tag{5-27b}$$

$$v_a = \sum_{m=1}^{M}\sum_{n=1}^{M+N}\sum_{p\in P_{im}}\delta_{impa}h_{imp},\quad \forall a\in A, \tag{5-27c}$$

$$h_{imp}\geqslant 0,\quad \forall p\in P_{im},\ i\in S\cup O,\ m=1,\ 2,\ \cdots,\ M, \tag{5-27d}$$

其中，Q_{im} 是离散快速道路网络上的出行 OD 矩阵，可以通过式(5－6)和式(5－7)来求得汇集于匝道或城市中心区的交通流，获取这个 OD 矩阵。式(5－27)满足用户平衡条件的证明在本书第 2 章已经详细介绍。如果用 $\bar{C}_{imp}$ 来表示从入口匝道或者城市中心区 i 到达城市中心区 m 的路径 p 的行程时间，则 $\bar{U}_{im}$ 表示相应的最小行程时间 $\bar{U}_{im} = \min(\bar{C}_{imp},\ \forall p\in P_{im})$。

数学规划模型(P2)可以被重写为下面的简单形式：

$$\bar{\mathbf{U}} = \mathbf{G}(\mathbf{Q}) \tag{5-28}$$

对于一个给定的 OD 矩阵，通过求解数学规划模型(P2)，可以求出用户平衡状态下从匝道入口或城市中心区 i 到达城市中心区 m 的行程时间。

5.2.4　固定点问题(Fixed Point Problem)

从式(5－26)和式(5－28)，我们可以得到：

$$\bar{\mathbf{U}} = \mathbf{G}(\mathbf{F}(\mathbf{U})) \tag{5-29}$$

如果我们能够找到一个适当的 $\mathbf{U}^*$，而让 $\mathbf{U}^* = \mathbf{G}(\mathbf{F}(\mathbf{U}^*))$，那么，$\mathbf{U}^*$ 就是这个固定点问题的解。显然，这个解是满足混合体系中的所有的函数约束条件和用户平衡条件。

5.3 模型的解算方法

对于固定点问题的式(5-29)，可以在两个分离的系统中寻找各自的解，然后利用 NEWTON 迭代算法来求得固定点的解。

5.3.1 连续体系部分

利用有限元的方法，我们将整个城市连续区域 Ω 离散为三角形的有限元单元。K^E 和 K^N 分别表示整个连续区域中的有限元单元的数量和有限元单元的节点数量；而 K^o 和 K_i^c 分别表示有限元单元在城市连续区域外边界 Γ 上的节点数量和有限元单元在城市中心区或主要匝道入口 i $(i \in S \cup O)$ 的内边界 Γ_i^c 上的节点数量。通过三角形单元的离散整个连续区域后，数学规划模型 P1 的 Lagrange 辅助函数可以写成：

$$\begin{aligned}\bar{\Pi} = & -\sum_{m=1}^{M}\sum_{i=1}^{M+N} U_{im}\oint_{\Gamma_i^c} \mathbf{f}_m \cdot \mathbf{n}\mathrm{d}\Gamma \\ & + \sum_{e=1}^{K^E}\iint_{\Omega_e}\left\{\alpha_e \sum_{m=1}^{M} |\mathbf{f}_{me}| + \frac{\beta_e}{\gamma_e+1}\left(\sum_{m=1}^{M}|\mathbf{f}_{me}|\right)^{\gamma_e+1}\right. \\ & \left. + \sum_{m=1}^{M}(u_{me}(\nabla\cdot\mathbf{f}_{me} + D(u_{me}))) - \sum_{m=1}^{M}\int_0^{D(u_{me})} D_m^{-1}(\omega)\mathrm{d}\omega\right\}\mathrm{d}\Omega \\ & + \sum_{m=1}^{M}\sum_{k=1}^{K^O}(w_{xmk}\hat{f}_{xmk} + w_{ymk}\hat{f}_{ymk}) \\ & + \sum_{m=1}^{M}\sum_{i=1}^{M+N}\sum_{k=1}^{K_i^c}\sigma_{imk}(\hat{u}_{imk} - U_{im}),\end{aligned} \tag{5-30}$$

式中：Ω_e ——有限元单元 e 的区域；

α_e，β_e，γ_e ——在有限元单元 e 中的区域路阻函数的系数(假定在单元中是常数)；

$f_{xme}(x, y)$，$f_{yme}(x, y)$ ——交通流向量 $\mathbf{f}_{me}$ 在 x 方向和 y 方向上的分量；

$u_{me}(x, y)$ ——Lagrange 乘子，表示从点 (x, y) 到城市中心区 m 的出行路阻势能；

$\hat{f}_{xmk}$，$\hat{f}_{ymk}$ ——函数 $\mathbf{f}_m(x, y)$ 在节点 $k \in K^o$ 上的计算值；

$\hat{u}_{mnk}$ ——函数 $u_m(x, y)$ 在节点 $k \in K_i^c$ 上的计算值；

w_{xmk}，w_{ymk}，σ_{mnk} ——Lagrange 乘子。

在本书第 3 章中，我们讨论了利用三角形单元线性插值函数的方法来求解连续区域中的交通平衡配流问题。在解算数学规划模型(P1)时，我们也采用这样的方法。首先，我们利用标准的线性三角形单元插值函数，以三角形单元顶点的交通流向量和出行路阻值来表示任意点的交通流向量和出行路阻值。这样，我们就可以将 Lagrange 辅助函数表示为节点上参数的函数：

$$\overline{\Pi}(\mathbf{\Psi}, \mathbf{U}^*), \tag{5-31}$$

其中，

$$\mathbf{\Psi} = Col(\hat{\mathbf{f}}, \hat{\mathbf{u}}, \hat{\mathbf{w}}, \hat{\boldsymbol{\sigma}}), \tag{5-32a}$$

$$\hat{\mathbf{f}} = Col(\hat{f}_{xmk}, \hat{f}_{ymk}, k=1, 2, \cdots, K^N, m=1, 2, \cdots, M), \tag{5-32b}$$

$$\hat{\mathbf{u}} = Col(\hat{u}_{mk}, k=1, 2, \cdots, K^N, m=1, 2, \cdots, M), \tag{5-32c}$$

$$\hat{\mathbf{w}} = Col(w_{xmk}, w_{ymk}, k=1, 2, \cdots, K_m^O, m=1, 2, \cdots, M), \tag{5-32d}$$

$$\hat{\boldsymbol{\sigma}} = Col(\sigma_{mnk}, k=1, 2, \cdots, K_{mn}^I, n=1, 2, \cdots, N_m, m=1, 2, \cdots, M), \tag{5-32e}$$

将 Lagrange 辅助函数 $\overline{\Pi}(\mathbf{\Psi}, \mathbf{U}^*)$ 用 Taylor 级数在 $\mathbf{\Psi}^0$ 处展开，可以得到：

$$\overline{\Pi}(\mathbf{\Psi}, \mathbf{U}^*) \simeq \overline{\Pi}(\mathbf{\Psi}^0, \mathbf{U}^*) + (\mathbf{\Psi} - \mathbf{\Psi}^0)^T \mathbf{R} + \frac{1}{2}(\mathbf{\Psi} - \mathbf{\Psi}^0)^T \mathbf{J}(\mathbf{\Psi} - \mathbf{\Psi}^0), \tag{5-33}$$

式中：$\mathbf{R} = \nabla_{\mathbf{\Psi}} \overline{\Pi}(\mathbf{\Psi}^0, \mathbf{U}^*)$ ——残余向量，$\overline{\Pi}$ 对 $\mathbf{\Psi}^0$ 进行一阶求导后代入值求得；

$\mathbf{J} = \nabla^2_{\mathbf{\Psi},\mathbf{\Psi}} \overline{\Pi}(\mathbf{\Psi}^0, \mathbf{U}^*)$ ——Jacobian 矩阵，$\overline{\Pi}$ 对 $\mathbf{\Psi}^0$ 进行二阶求导后代入值求得。

对于一组给定的 $\mathbf{U}^*$，在 Lagrange 辅助函数的驻点处，有这样的关系：

$$\nabla_{\mathbf{\Psi}} \overline{\Pi}(\mathbf{\Psi}, \mathbf{U}^*) = \mathbf{R} + \mathbf{J}(\mathbf{\Psi} - \mathbf{\Psi}^0) = \mathbf{0}. \tag{5-34}$$

将式(5－34)变形后，我们可以得到 $\mathbf{\Psi}$ 的迭代优化解的求算公式：

$$\mathbf{\Psi} = \mathbf{\Psi}^0 - \mathbf{J}^{-1}\mathbf{R} \tag{5-35}$$

假设 $\mathbf{\Psi}^*$ 是数学规划模型(P1)的一个收敛解，利用隐函数定理(Implicit Function Theorem)，可以得到 $\mathbf{\Psi}^*$ 相对于参数 $\mathbf{U}$ 在 $\mathbf{U}^*$ 处的敏感度可以表示为：

$$\begin{aligned} \nabla_{\mathbf{U}} \mathbf{\Psi}^* \big|_{\mathbf{U}^*} &= -[\nabla_{\mathbf{\Psi}} \mathbf{R}(\mathbf{\Psi}^*, \mathbf{U}^*)]^{-1} \nabla_{\mathbf{U}} \mathbf{R}(\mathbf{\Psi}^*, \mathbf{U}^*) \\ &= -[\nabla^2_{\mathbf{\Psi},\mathbf{\Psi}} \overline{\Pi}(\mathbf{\Psi}^*, \mathbf{U}^*)]^{-1} \nabla^2_{\mathbf{U},\mathbf{\Psi}} \overline{\Pi}(\mathbf{\Psi}^*, \mathbf{U}^*), \end{aligned} \tag{5-36}$$

将式(5－36)的计算结果和式(5－6)、式(5－7)代入式(5－26)，就可以得到离散快速路网上加载的 *OD* 矩阵 $\mathbf{Q}$ 相对于出行路阻 $\mathbf{U}$ 的敏感度：

$$\nabla_{\mathbf{U}} \mathbf{Q} = \nabla_{\mathbf{U}} \mathbf{F}(\mathbf{U}). \tag{5-37}$$

5.3.2 离散系统部分

对于数学规划模型(P2)，可以采用 Frank－Wolfe 算法(Leblanc 等，

1975)[7]求得平衡状态下的交通流分配;并利用 Tobin 和 Friesz (1988)[8]提出的离散路网的敏感性分析方法,求得出行路阻 $\bar{\mathbf{U}}$ 相对于 OD 矩阵的交通出行需求 $\mathbf{Q}$ 的敏感度:

$$\nabla_{\mathbf{Q}}\bar{\mathbf{U}} = \nabla_{\mathbf{Q}}\mathbf{G}(\mathbf{Q}). \tag{5-38}$$

5.3.3　牛顿迭代算法(Newtonian Algorithm)

式(5-29)所表示的固定点问题可以结合敏感性分析的方法,采用下面的牛顿迭代算法(Newtonian algorithm)来求解。

设

$$\mathbf{E}(\mathbf{U}) = \mathbf{U} - \mathbf{G}(\mathbf{F}(\mathbf{U})), \tag{5-39}$$

在固定点问题的驻点 $\mathbf{U}^*$ 处,$\mathbf{E}(\mathbf{U}) = 0$。将 $\mathbf{E}(\mathbf{U})$ 在 $\mathbf{U}^*$ 处利用 Taylor 级数展开,可以得到:

$$\mathbf{E}(\mathbf{U}) \cong \mathbf{E}(\mathbf{U}^*) + [\nabla_{\mathbf{U}}\mathbf{E}(\mathbf{U}^*)](\mathbf{U} - \mathbf{U}^*) = 0, \tag{5-40}$$

更优的迭代解可以用下面的式子得到:

$$\mathbf{U} = \mathbf{U}^* - [\nabla_{\mathbf{U}}\mathbf{E}(\mathbf{U}^*)]^{-1}\mathbf{E}(\mathbf{U}^*), \tag{5-41}$$

其中的:

$$\nabla_{\mathbf{U}}\mathbf{E}(\mathbf{U}^*) = \mathbf{I} - [\nabla_{\mathbf{Q}}\mathbf{G}(\mathbf{Q}^*)][\nabla_{\mathbf{U}}\mathbf{F}(\mathbf{U}^*)]. \tag{5-42}$$

而 $\nabla_{\mathbf{U}}\mathbf{F}(\mathbf{U}^*)$ 和 $\nabla_{\mathbf{Q}}\mathbf{G}(\mathbf{Q}^*)$ 可以分别用式(5-37)和式(5-38)求得。

5.3.4　解算方法的一般步骤

上述固定点问题解算方法的一般步骤可以归纳如下:

(1) 设 $k=0$。将快速道路网上各路段 ($\bar{\alpha}_a$, $\forall a \in A$) 的行程路阻设为自由行程阻抗,在此基础上得到各匝道口或城市中区到达目标城市中心的最短行程时间,以此最为初始值代入 $\mathbf{U}^{(k)}$。利用有限元方法,解算数学规划模型(P1),可以得到初始解 $\boldsymbol{\Psi}^*$。

(2) 解算连续系统的数学规划模型 P1：

① 设 $l=0$，则 $\boldsymbol{\Psi}^{(l)}=\boldsymbol{\Psi}^{*}$。

② 计算 $\mathbf{R}(\boldsymbol{\Psi}^{(l)})$ 和 $\mathbf{J}(\boldsymbol{\Psi}^{(l)})$。

③ 如果 $|\mathbf{R}(\boldsymbol{\Psi}^{(l)})|<\varepsilon_1$（$\varepsilon_1$ 为可接受的误差值），则设 $\boldsymbol{\Psi}^{*}=\boldsymbol{\Psi}^{(l)}$，然后转入步骤⑥。

④ 如果 $|\mathbf{R}(\boldsymbol{\Psi}^{(l)})|\geqslant\varepsilon_1$，则通过方程 $\mathbf{J}(\boldsymbol{\Psi}^{(l)})\mathbf{Y}^{(l)}=\mathbf{R}(\boldsymbol{\Psi}^{(l)})$ 解出 $\mathbf{Y}^{(l)}$，并计算出 $\boldsymbol{\Psi}^{(l+1)}=\boldsymbol{\Psi}^{(l)}-\mathbf{Y}^{(l)}$。

⑤ 设 $l=l+1$，转到步骤②。

⑥ 利用解 $\boldsymbol{\Psi}^{*}$ 和式(5-6)、式(5-7)得到 OD 矩阵 $\mathbf{Q}^{(k)}$。

⑦ 利用敏感性分析的方法求得 $\nabla_{\mathbf{U}}\mathbf{F}(\mathbf{U}^{(k)})$。

(3) 解算数学规划模型的子模型 P2，求得 OD 矩阵 $\mathbf{Q}^{(k)}$ 下，离散的快速路网中的用户平衡交通流分配结果，计算出 $\bar{\mathbf{U}}^{(k)}=\mathbf{G}(\mathbf{Q}^{(k)})$。同时，利用敏感性分析的方法得到 $\nabla_{\mathbf{Q}}\mathbf{G}(\mathbf{Q}^{(k)})$。

(4) 计算 $\mathbf{E}^{(k)}=\mathbf{U}^{(k)}-\bar{\mathbf{U}}^{(k)}$ 和 $\nabla_{\mathbf{U}}\mathbf{E}(\mathbf{U}^{(k)})=\mathbf{I}-[\nabla_{\mathbf{Q}}\mathbf{G}(Q^{(k)})][\nabla_{\mathbf{U}}\mathbf{F}(\mathbf{U}^{(k)})]$。

(5) 如果 $|\mathbf{E}^{(k)}|<\varepsilon_2$（$\varepsilon_2$ 为可接受的误差），则停止计算。$\mathbf{U}^{*}=\mathbf{U}^{(k)}$，$\mathbf{Q}^{*}=\mathbf{Q}^{(k)}$ 和 $\boldsymbol{\Psi}^{*}$ 就是所求的解。

(6) 如果 $|\mathbf{E}^{(k)}|\geqslant\varepsilon_2$，通过方程 $[\nabla_{\mathbf{U}}\mathbf{E}(\mathbf{U}^{(k)})]\mathbf{T}^{(k)}=\mathbf{E}^{(k)}$，可以计算出 $\mathbf{T}^{(k)}$，然后计算 $\mathbf{U}^{(k+1)}=\mathbf{U}^{(k)}-\mathbf{T}^{(k)}$。

(7) 设 $k=k+1$，转到步骤(2)。

5.4 算　　例

在这一节中，将给出一个有两个中心商务区(CBD)的模拟城市算例来说明模型和算法的有效性。城市区域如图 5-2 所示，其中 O_1 和 O_2 是两个

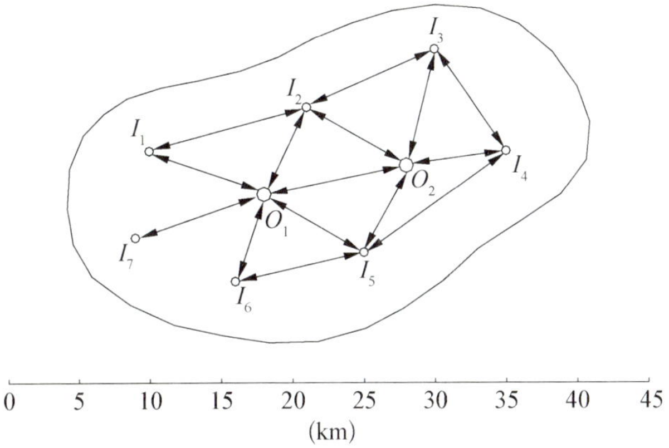

图 5-2 模拟城市模型

中心商务区，I_1，I_2，…，I_7 是快速路网的 7 个主要入口匝道，匝道口和城市中心区之间有 30 个连接的路段。

城市区域中交通出行需求变化是弹性的，到中心商务区 O_1 和城市中心 O_2 的出行需求函数可以分别表示如下：

$$q_1 = 40\exp(-0.5u_1)\ \text{veh/h/km}^2$$

$$q_2 = 60\exp(-0.5u_2)\ \text{veh/h/km}^2$$

其中，u_1 和 u_2 的单位为 h。

城市连续区域中的区域路阻函数为：

$$c = 0.01 + 0.1 \times 10^{-3}\ (|\mathbf{f}_1| + |\mathbf{f}_2|)^{1.2}\ \text{h/km}$$

其中，$|\mathbf{f}_1|$ 和 $|\mathbf{f}_2|$ 为交通密度，单位为 veh/h/km。

快速路网中路段的路阻函数定义为：

$$\bar{c}_a = \bar{c}_{a0}\left(1.0 + 2.62\left(\frac{v_a}{C_a}\right)^5\right)\ \text{h}$$

其中，v_a 是路段的流量，单位为 veh/h；$\bar{c}_{a0}$ 是路段的自由行程时间，单位为 h；C_a 是路段的通行能力，单位为 veh/h。算例中各路段所采用的值在表 5-1中列出。

表 5-1　离散快速路网的输入参数和计算结果

路段			输入参数			输出结果	
编号	起点	终点	长度/km	C_a/(veh·h^{-1})	$\bar{c}_{a0}$/min	v_a/(veh·h^{-1})	$\bar{c}_a$/min
1	O_1	O_2	10.3	8 000	6.2	5 939	9.86
2	O_2	O_1	10.3	8 000	6.2	3 429	6.43
3	O_1	I_1	8.5	6 000	6.4	0	6.40
4	I_1	O_1	8.5	6 000	6.4	2 624	6.67
5	O_1	I_2	5.0	6 000	5.0	0	5.00
6	I_2	O_1	5.0	6 000	5.0	3 245	5.61
7	O_1	I_5	8.0	6 000	6.0	0	6.00
8	I_5	O_1	8.0	6 000	6.0	1 776	6.04
9	O_1	I_6	6.3	6 000	4.7	0	4.70
10	I_6	O_1	6.3	6 000	4.7	2 411	4.83
11	O_1	I_7	9.5	6 000	7.1	0	7.10
12	I_7	O_1	9.5	6 000	7.1	3 599	8.54
13	O_2	I_2	8.0	6 000	6.0	0	6.00
14	I_2	O_2	8.0	6 000	6.0	3 914	7.86
15	O_2	I_3	8.3	6 000	6.2	0	6.20
16	I_3	O_2	8.3	6 000	6.2	2 940	6.66
17	O_2	I_4	7.1	6 000	5.3	0	5.30
18	I_4	O_2	7.1	6 000	5.3	4 535	8.73
19	O_2	I_5	6.7	6 000	5.0	0	5.00
20	I_5	O_2	6.7	6 000	5.0	4 341	7.60
21	I_1	I_2	11.5	4 000	8.6	1 266	8.67
22	I_2	I_1	11.5	4 000	8.6	0	8.60
23	I_2	I_3	9.9	4 000	7.4	0	7.40
24	I_3	I_2	9.9	4 000	7.4	1 352	7.49

续　表

路　段			输入参数			输出结果	
编号	起点	终点	长度/km	C_a/(veh·h^{-1})	$\bar{c}_{a0}$/min	v_a/(veh·h^{-1})	$\bar{c}_a$/min
25	I_3	I_4	8.7	4 000	6.5	0	6.50
26	I_4	I_3	8.7	4 000	6.5	0	6.50
27	I_4	I_5	12.3	4 000	9.2	0	9.20
28	I_5	I_4	12.3	4 000	9.2	0	9.20
29	I_5	I_6	9.2	4 000	6.9	0	6.90
30	I_6	I_5	9.2	4 000	6.9	1 614	7.09

连续城市区域利用三角形单元离散后，其结果如图 5-3 所示。

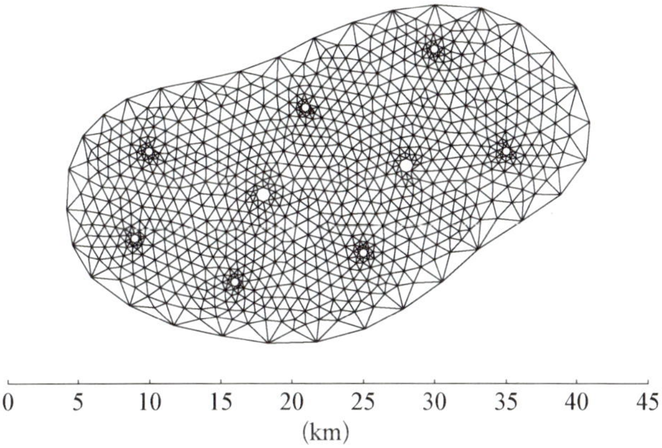

图 5-3　城市连续区域的有限元划分

我们将解算方法中可接受误差 ε_1 和 ε_2 都设为 0.1%。按照模型解法的一般步骤，编译 FORTRAN 程序来计算平衡配流结果。程序计算的收敛结果如图 5-4 所示。

从图中可以看出，算法的最初的几步收敛很快，其后逐渐趋于平缓，并在第 39 个循环后满足收敛标准。这说明敏感性分析的方法提供了寻找固定点问题解的很好的方向。

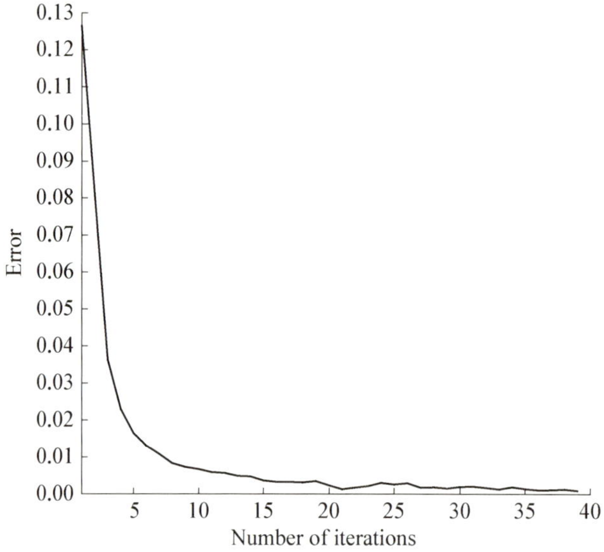

图 5-4 算法的收敛性

在连续区域中，以中心商务区 O_1 为目的地的交通流流向分布如图 5-5 所示，以中心商务区 O_2 为目的地的交通流流向分布如图 5-6 所示。从交通流向图中，我们可以分析出各中心商务区和匝道入口吸引交通量的能力和交通出行的主要方向。

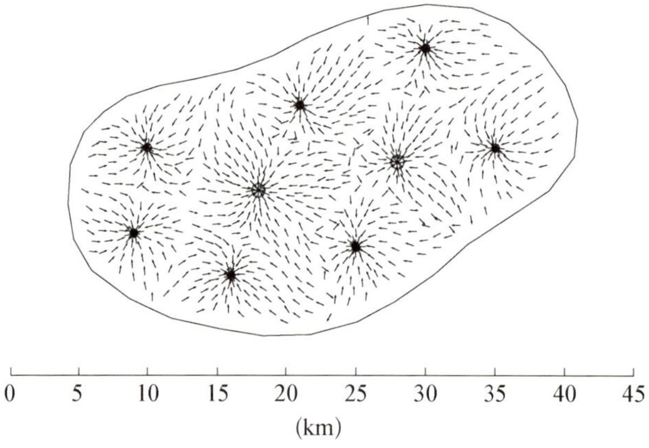

图 5-5 交通流 f_1 在连续区域中的分布

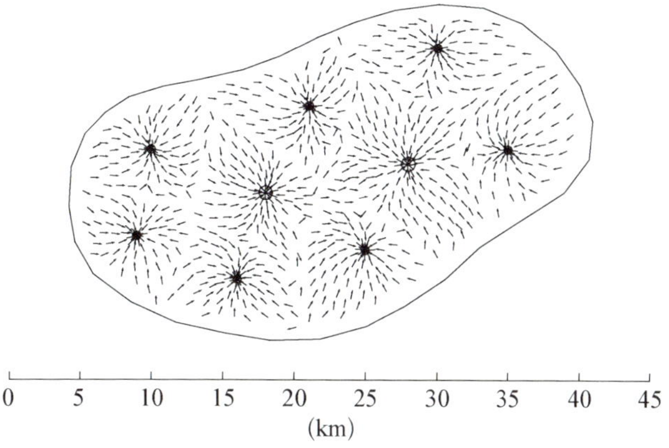

图 5－6　交通流 f_2 在连续区域中的分布

交通流密度在连续区域和离散快速路网上的状况如图 5－7 所示。其中，在离散快速路网中路段上的交通状况在表 5－1 的最后两列中有具体的数据。从交通密度图可以观察出两个城市中心之间的路段上的交通量很大，而在城市中心区和各个匝道入口附近都有交通拥阻发生。

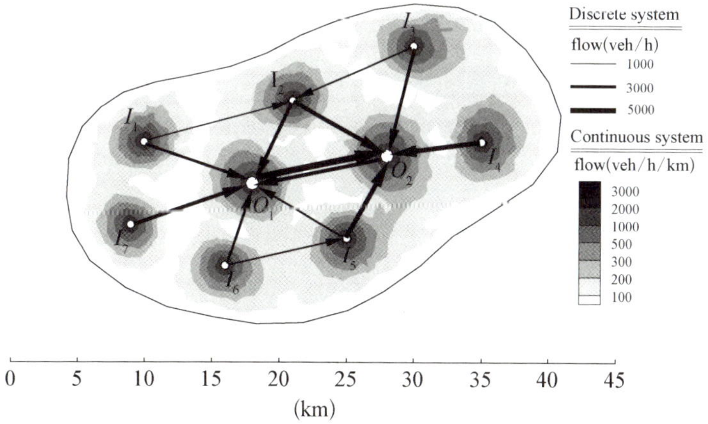

图 5－7　交通流密度

图 5－8 和图 5－9 是总的交通出行阻抗的等势分布图，图 5－10 和图 5－11 是交通需求的分布状况。从图中我们可以发现，在靠近快速路网的

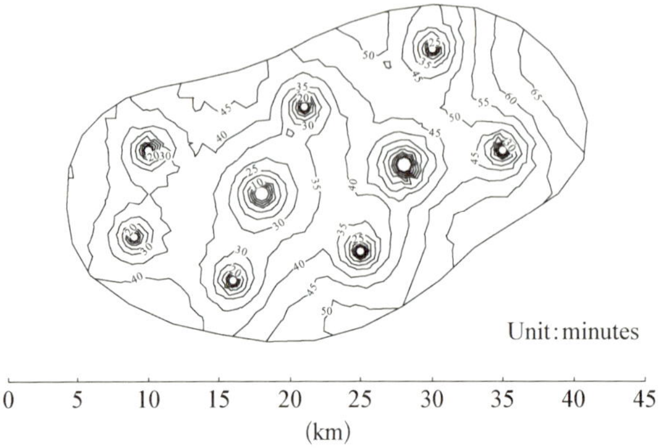

图 5-8　到城市中心区 O_1 的交通阻抗等势图

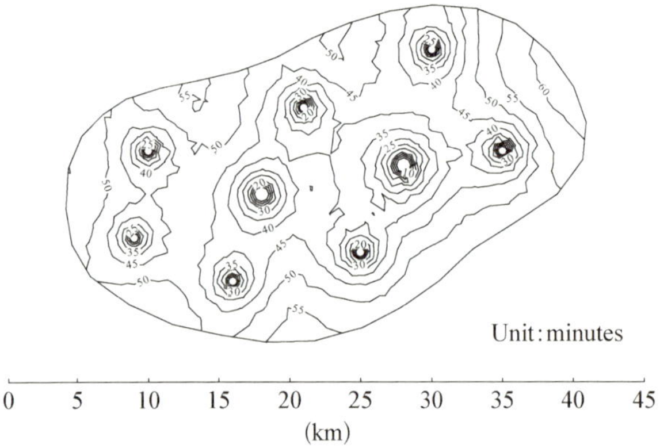

图 5-9　到城市中心区 O_2 的交通阻抗等势图

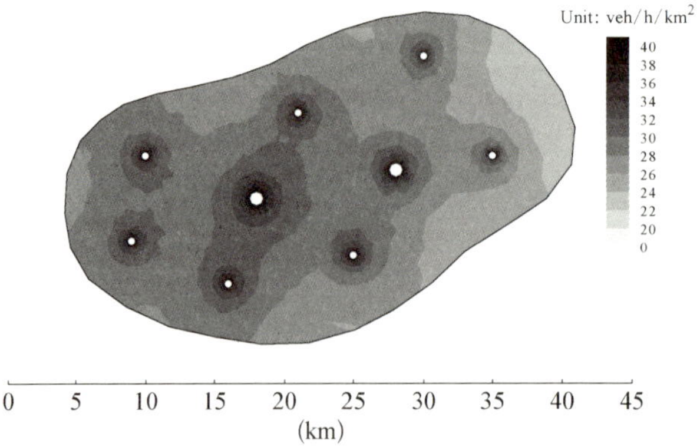

图 5-10　到城市中心区 O_1 的交通需求分布图

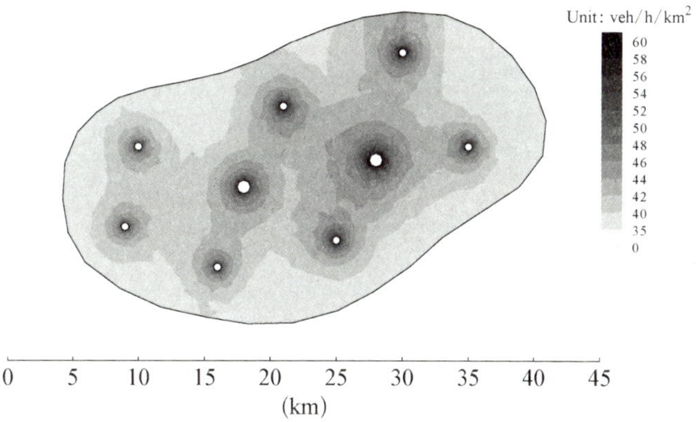

图 5-11　到城市中心区 O_2 的交通需求分布图

入口匝道处，交通需求的产生量会显著增加，这也反映了现实中交通需求产生的情况，快速道路的修建会诱发交通需求的产生。

在这个算例中，整个城市连续区域产生的总的交通需求量为 40 499 veh/h。其中，到达中心区 O_1 的交通量为 16 420 veh/h，而到达中心区 O_2 的交通量为 24 079 veh/h。各城市中心区和匝道入口汇集的交通量如表 5-2 所列。城市中心或匝道入口相对于不同目的地的交通阻抗也在表中列出。从表中可以看出，接近 20% 的交通量直接通过连续区域进入了城市中心区，而其余的则使用了快速路网。

表 5-2　各城市中心区及匝道入口汇集的交通量及阻抗值

城市中心区/匝道入口	以 O_1 为目的地		以 O_2 为目的地		总流量/(veh・h^{-1})
	流量/(veh・h^{-1})	阻抗/min	流量/(veh・h^{-1})	阻抗/min	
O_1	3 011	0.00	2 264	9.86	5 275
O_2	1 513	6.43	4 326	0.00	5 839
I_1	1 615	6.67	2 275	16.53	3 890
I_2	1 893	5.61	2 648	7.86	4 541
I_3	1 503	13.09	2 789	6.66	4 292

续　表

城市中心区/匝道入口	以 O_1 为目的地		以 O_2 为目的地		总流量/(veh・h^{-1})
	流量/(veh・h^{-1})	阻抗/min	流量/(veh・h^{-1})	阻抗/min	
I_4	1 766	15.16	2 770	8.73	4 536
I_5	1 776	6.04	2 726	7.60	4 502
I_6	1 823	4.83	2 202	14.69	4 025
I_7	1 520	8.54	2 079	18.40	3 599
总计	16 420	—	24 079	—	40 499

5.5 本章小结

平衡状态下的交通流量分配问题一直以来都是交通领域的研究热点之一。离散型交通分配模型和连续型交通分配模型都有各自的特点，并在相关领域有了成功的应用。本章在考察城市路网特征的基础上，提出了用户平衡条件下的连续/离散混合型交通平衡分配数学规划模型，并给出了以有限元方法为基础的数值解算方法。

算例表明，连续/离散混合模型应用于交通规划和研究中有很大的优势：

(1) 使用连续区域代替了密集的离散路网，大大节省了计算时间，提高了效率；

(2) 模型中的主干快速路网使城市交通网络的主要特征得以保持；

(3) 模型的数值解算结果对于交通网络的全局规划和评价有很大的帮助。

参考文献

[1] Yang H, Yagar S, Iida Y. Traffic assignment in a congested discrete/continuous

transportation system[J]. Transportation Res, 1994, 28(2): 161 - 174.

[2] Wong S C, Lee C K, Tong C O. Finite element solution for the continuum traffic equilibrium problems[J]. Int. J. Numer. Meth Engng. 1998, 43(43): 1253 - 1273.

[3] Wong S C, Yang H. Determining Market Areas Captured By competitive Facilities: A Continuous Equilibrium Modeling Approach[J]. Journal of Regional Science 39, 1999, 39(1): 51 - 72.

[4] Wong S C. Multi-commodity traffic assignment by continuum approximation of network flow with variable demand[J]. Transportation Research 32B, 1998: 567 - 581.

[5] Wong S C, Zhou C W, Lo H K, et al. An improved solution algorithm for the multi-commodity continuous distribution and assignment model [J]. ASCE Journal of Urban Planning and Development, 2004, 130(1): 14 - 23.

[6] Wong S C, Du Y C, Ho H W, et al. A Simultaneous Optimization Formulation of the Discrete/Continuous Transportation System[J]. Journal of Transportation Research Board: Transportation Research Record, 2003, 1857(1): 11 - 20.

[7] LeBlanc L J, Morlok E K, Piersskalla W P. An efficient approach to solving the road network euilibrium traffic assignment problem[J]. Transpn Res., 1975, 9: 309 - 318.

[8] Tobin R L, Friesz T L. Sensitivity analysis for equilibrium network flows[J]. Transportation Science 22, 1988: 242 - 250.

[9] Wong S C, Du Y C, Ho H W, et al. A Multi-commodity Discrete/Continuous Model for Traffic Equilibrium System[J]. Transportation Science, 2007, 12(3): 1 - 37.

[10] Beckmann M. A Continuous Model of Transportation[J]. Econometrica 1952, 20, 643 - 660.

[11] 杜豫川,孙立军,黄仕进. 混合交通体系中弹性需求的网络平衡分析[J]. 同济大学学报(自然科学版),2003,31(8): 921 - 925.

第6章 结论与展望

6.1 主要结论

(1) 本书回顾了离散型交通分配模型的方法，讨论了如何将离散型交通网络中的平衡配流问题转换成数学规划模型，并利用 K－K－T 条件证明了数学规划模型的一阶驻点条件满足用户平衡条件，表明数学规划模型的解等价于平衡配流问题的解。考察离散型平衡分配模型，可以发现下面的特性：

① 离散型平衡分配模型是对弧流量是严格的凸规划问题，有唯一解存在；对于路径流量，并不是严格的凸规划问题。

② 用户平衡的解并不一定是系统最优的解，Braess 诡异现象的出现就是这一原因。

(2) 离散型平衡分配模型的求解方法很多，本书讨论了经典的 Frank－Wolfe 算法。Frank－Wolfe 算法是凸规划问题求解的一般算法，Sheffi 提出的应用于离散型平衡分配模型求解的改进 Frank－Wolfe 算法具有良好的收敛性，因而成为当前求解平衡配流问题时最为常用的标准算法。

(3) 依据连续型城市交通体系的假设，本书讨论连续型平衡分配模型的交通特征函数，在此基础上分别建立了弹性需求下单吸引点和多吸引点的连续型交通平衡配流数学规划模型，并利用变分原理证明了数学规划模型的一阶驻点条件满足用户平衡条件。

（4）连续型平衡分配模型需要通过适当的数值解算方法来求解，利用有限元法的思想，本书提出了以有限元方法为基础的牛顿迭代算法来求解连续型交通分配模型，并详细介绍了算法中残余向量 R_e 和 Jacobian 矩阵 J_e 的求算方法。以一个有两个交通吸引点的城市模型为例，说明了模型的有效性和模型解算方法的可行性。

（5）在二维连续空间假设的基础上，建立了满足用户平衡条件和出行选择行为的多类型出行者确定型连续平衡分配模型；并以有限元方法为基础，提出了牛顿迭代算法来求解模型的数值解。模型的提出和解算也为大范围区域分析中的 OD 数据估计提供了一种新的方法。以珠江三角地区 4 个国际机场客流分配分析的研究为实例，说明了数学规划模型和求解方法的有效性。

（6）讨论了连续型模型的敏感性分析问题，提出了敏感性分析的方法和求解公式。利用所建立的敏感性分析求解公式，我们可以估计大型交通公用设施的市场份额，分析相关因数的影响。

（7）离散型交通分配模型和连续型交通分配模型都有各自的特点，并在相关领域有了成功的应用。本书在考察城市路网特征的基础上，融合两种模型的特点，建立了用户平衡条件下的连续/离散混合型交通流量分配数学规划模型。根据模型的特征，给出求解固定点问题的牛顿迭代算法。

模拟城市算例的计算结果表明，连续/离散混合模型应用于交通规划和研究中有很大的优势：

① 使用连续区域代替了密集的离散路网，大大节省了计算时间，提高了效率；

② 模型中的主干快速路网使城市交通网络的主要特征得以保持；

③ 模型直观的解算结果对于交通网络的全局规划和评价有很大的帮助。

6.2 研究展望

本书对连续型交通分配模型进行了较为系统的研究，建立了多种形态的数学规划模型，并提出了可行的数值解算方法。部分模型已用于实际问题的研究中，其计算结果与实际情况吻合得很好。为了进一步提高模型的实用性和可靠性，对下一步的研究工作提出以下的几点设想：

1. OD 估计的研究

本书在第 4 章中讨论的模型实际上为大区域范围内估计 OD 提供了一种新的方法。与直接调查 OD 数据相比，通过历史数据和其他资料确定各点的吸引力是较为容易的。OD 估计的准确性与如何确定吸引点的吸引力和合理地构造需求函数紧密相关。进行这一步的研究可以丰富连续型模型在交通分析的应用空间。

2. 各向异性的区域阻抗函数的研究

本书所建立的连续型模型都采用的各向同性的区域阻抗函数，也就是假设在城市交通体系的平面点上，各个方向的出行阻抗是相同的。而在实际的城市交通系统中，由于路网走向、主次干道划分等因素，区域阻抗函数多是各向异性的，也就是说城市区域中的平面点上不同方向的出行阻抗是有差别的。以合理的函数形式来反映各向异性的区域阻抗特性是需要进一步进行的研究工作。建立在各向异性的区域阻抗函数上的连续型交通分配模型更能符合实际的交通流分布状况。

3. 区域路网容量的研究

在离散型交通分配模型中所采用的路阻函数，多数都与路段的容量有关。与此类似，连续型模型中采用的区域阻抗函数也应该与区域的路网容量有关。目前，国内和国际上对路网容量的研究都很少，路网容量的定义、确定方法等方面都无公认的成果。因而，本书所建立的连续型模型都采用了与路网容量无关的区域阻抗函数。在下一步的研究中，有必要进行路网容量确定方法的研究，并建立区域阻抗与路网容量的关系。

4. 连续型交通分配模型解的唯一性的研究

对于本书建立的连续型交通分配模型都运用变分原理严格证明了模型的一阶等价条件等同于用户平衡条件（UE），而对于模型解的唯一性没有进行考察。在缺少这方面研究结果时，就无法确定数值解是否是最优解。作为完善的模型体系，有必要进行这方面的研究工作。

后 记

本书是根据笔者的博士论文改写而成。多年前，孙立军教授引导我进入了交通运输工程研究的领域。在研究生生活中，逐渐体会到导师开阔的研究视野和敏锐的学术洞察力。导师深厚的学术修养、严谨的治学态度、崇高的敬业精神、忘我的工作作风、平易的待人风格都让我今生难忘，并将对我以后的工作和学习产生深远的影响。这些年来，导师一直关心着我的学习、生活，传我知识、教我做人。特在本文完成之际，向导师致以最衷心的感谢和最崇高的敬意！

本书的主要研究工作是我在香港大学土木工程系研修时完成的。在此对香港大学的黄仕进博士表示衷心的感谢。黄博士良好的理论素养和扎实的数学功底使我敬佩不已，与他关于交通工程问题的讨论也使我受益颇多。感谢香港研究基金委员会的资助使我能与黄博士进行愉快的合作。

在这些年的科研工作中得到了上海市市政工程管理处等单位有关领导和专家热情的支持和帮助；同时还得到了柏娴老师、张中耀老师、全月星老师、陆爱华老师等的关心，特此一并致以诚挚的谢意！

感谢课题组的周富杰、黄卫东、张婧娜、陆辉、李套岭、张宏超、罗芳艳、杨宇亮、王将军、游双杰、张小宁、刘黎萍、胡小弟等师兄（姐）对我的支持！这些年的研究工作中，与马京涛、陈长、黄进堂、陈佩如、涂辉招、沈祺、周小鹏、干宏程、暨育雄、阚胜男、邵敏华等师弟(妹)们一直合作愉快，在此表示谢意！本书的顺利完成与所有课题组成员的支持和帮助是分不开的。感谢我的同学和朋友们，我的生命因为你们的友谊而感动，一起走过的日子将成为我最美好的回忆。

感谢我的父母和亲友在我求学期间给予的关心、鼓励、理解和爱。

感谢我的太太杨虹女士，她的理解、帮助和支持伴我走过了漫漫求学路。

再次感谢所有关心过和帮助过我的人！

杜豫川